Thomas Fritz/Christoph Scherrer
GATS: Zu wessen Diensten?

Thomas Fritz ist Mitarbeiter von WEED (Weltwirtschaft, Ökologie und Entwicklung) Berlin, arbeitet in der GATS-Kampagne von Attac.
Christoph Scherrer ist Professor in Kassel, Mitglied im wissenschaftlichen Beirat von Attac.

AttacBasisTexte 2

Thomas Fritz/Christoph Scherrer

GATS: Zu wessen Diensten?

Öffentliche Aufgaben unter Globalisierungsdruck

VSA-Verlag Hamburg

Besonderer Dank gilt Gülşan Yalçin für ihre Mitwirkung beim Kapitel zum Bildungsbereich und Sebastian Haslinger für seine Ausführungen zum Artikel 133 des EG-Vertrags. Außerdem möchten wir der Hans-Böckler-Stiftung und der Max-Träger-Stiftung für ihre finanzielle Unterstützung für zwei diesem Buch zugrundeliegende Studien danken.

Übersetzungen aus dem Englischen, falls nicht anders angegeben, sind von Thomas Fritz.

www.attac-netzwerk.de

www.vsa-verlag.de

Titelfoto: Karsten Henning

Druck- und Buchbindearbeiten: Druckerei Runge, Cloppenburg
ISBN 3-87975-872-7

Inhalt

Einleitung

Mit dem GATS (General Agreement on Trade in Services) wurde 1995 das erste Abkommen für die weltweite Liberalisierung der Dienstleistungsmärkte in das Vertragswerk der Welthandelsorganisation (WTO) aufgenommen. Anfang 2000 sind im Rahmen der WTO Neuverhandlungen des GATS begonnen worden, die bis Ende 2004 abgeschlossen sein sollen. Jedoch regt sich mittlerweile weltweit zunehmender Protest gegen die fortschreitende Liberalisierung der Dienstleistungsmärkte, vor allem im Bereich öffentlicher Dienste und wichtiger Infrastrukturleistungen.

Der Regelungsumfang dieses Abkommens ist beeindruckend: Post und Telekommunikation, Energie- und Wasserversorgung, Banken und Versicherungen, medizinische und soziale Dienste, Tourismus und Transport, Handel und Bauwesen, Bildung und Kultur: Kein Dienstleistungssektor ist grundsätzlich vom GATS ausgenommen. Alle sollen sie den WTO-Prinzipien des Marktzugangs und der Gleichbehandlung in- und ausländischer Anbieter unterworfen werden. Die besondere Brisanz liegt dabei darin, dass Dienstleistungsmärkte weniger durch klassische Handelshemmnisse wie Zölle geschützt werden, sondern vor allem durch innerstaatliche Regelungen wie Gesetze, Verordnungen, ökologische Normen oder soziale Standards. Ziel der GATS-Verhandlungen ist es aber, zur Erleichterung der grenzüberschreitenden Dienstleistungserbringung innerstaatlichen Regelungen ein Korsett verbindlicher Rahmenrichtlinien anzulegen.

Gerade die öffentlichen Dienste müssen aufgrund der unklaren GATS-Definition von »hoheitlichen« Aufgaben mit verschärftem Wettbewerbsdruck rechnen. Denn sobald sie in Konkurrenz zu privaten Anbietern erbracht werden, was vielfach schon der Fall ist, findet das Abkommen Anwendung. Das GATS zielt dabei unter anderem darauf ab, dass staatliche Unterstützungsmaßnahmen (Steuervergünstigungen, Subventionen etc.) für öffentliche oder im öffentlichen Auftrag erbrachte Dienste in gleichem Maße ausländischen Privatanbietern oder aber keinem Anbieter gewährt werden. Der Effekt dieser zunehmenden Konkurrenz besteht darin, dass die für gemeinwohlorientierte Leistungen verfügbaren öffentlichen Mittel weiter sinken werden.

Erfahrungen mit bisherigen Liberalisierungen und Privatisierungen öffentlicher Dienste – Qualitätseinbußen, Preissteigerungen, erschwerter Zugang für Arme, Entlassungen, Lohnsenkungen, prekäre Beschäftigungsverhältnisse – bleiben bei den aktuellen Verhandlungen unberücksichtigt. Obwohl die WTO verpflichtet ist, die Auswirkungen des GATS zu untersuchen, ist es dazu bisher nicht gekommen. Eine Abschätzung der sozialen, ökologischen und entwicklungspolitischen Folgen fordern aber viele Entwicklungsländer, soziale Bewegungen, Gewerkschaften und nicht zuletzt die Enquete-Kommission »Globalisierung der Weltwirtschaft« des deutschen Bundestags.

Bis Ende Juni 2002 mussten alle WTO-Mitglieder ihre Marktöffnungs*forderungen* den betreffenden Staaten übermitteln. Der weitere Zeitplan der GATS-Verhandlungen sieht vor, dass die WTO-Mitglieder ihre Marktöffnungsangebote gegenüber Drittstaaten bis Ende März 2003 vorlegen müssen. Der Abschluss der Verhandlungen soll mit dem anvisierten Ende der neuen Welthandelsrunde der WTO am 1.1.2005 zusammenfallen. Die Europäische Kommission führt die GATS-Verhandlungen für die EU-Mitgliedsstaaten, wobei auf deutscher Seite das Bundeswirtschaftsministerium federführend ist. Der Verhandlungsprozess zeichnet sich jedoch durch hohe Intransparenz aus. Während interessierten Bürgerinnen und Bürgern wichtige Informationen gänzlich verweigert werden, erhalten selbst Bundestagsabgeordnete nur spärliche Auskünfte seitens des Wirtschaftsministeriums.

Ziel dieses Buches ist es, ein wenig Licht in das Dunkel dieser Verhandlungen zu bringen. Dazu wird zunächst die auf intensive Lobbyarbeit der Dienstleistungsindustrie zurückgehende Entstehung des GATS-Abkommens beleuchtet, um anschließend die wichtigsten Bestimmungen dieses Vertrages zu erläutern. Zu einem Verständnis möglicher Folgen der GATS-Liberalisierung hier in der Bundesrepublik bedarf es allerdings der Berücksichtung des europäischen Binnenmarktprogramms, dessen Status deshalb knapp skizziert wird. Im Anschluss daran wird die ökonomietheoretische Debatte zur Liberalisierung des Dienstleistungsverkehrs einer kritischen Würdigung unterzogen, wobei sowohl erste Wirkungsanalysen als auch die Literatur zu Privatisierung und Deregulierung Berücksichtung finden.

Schließlich werden exemplarisch an Hand des Bildungsbereiches mögliche Folgen der GATS-Liberalisierung in der Bundesrepublik vorgestellt. Um den Blick zu weiten, werden im nachfolgenden Kapitel die Implikationen der Dienstleistungsverhandlungen für die Entwicklungsländer dargestellt. Die sektorale und regionale Betrachtung schließt mit einer zusammenfassenden Darstellung potenzieller GATS-Wirkungen in Nord und Süd. Danach kommen Kritiker der GATS-Verhandlungen aus dem gewerkschaftlichen, sozial bewegten und auch aus dem parlamentarischen Bereich zu Wort. Den Abschluss bildet eine Erläuterung des Verhandlungsprozederes und der Eingriffsmöglichkeiten auf deutscher und europäischer Ebene.

Thomas Fritz/Christoph Scherrer

Berlin und Kassel, September 2002

1. Das GATS-Abkommen

Der Entstehungshintergrund

Der kommerzielle Handel mit Dienstleistungen gilt als einer der dynamischsten Wachstumsbereiche der Weltwirtschaft. Nach Angaben der WTO erreichte der Dienstleistungshandel im Jahr 1999 einen Wert von 1.340 Milliarden US-Dollar, der Güterhandel wird mit 5.460 Milliarden US-Dollar beziffert (WTO 2000b). Dienstleistungen machen demnach rund ein Fünftel des gesamten Welthandels aus. Da die durch ausländische Niederlassungen erbrachten Dienstleistungen in den Gastländern oftmals nicht routinemäßig erfasst werden, könnte ihr Anteil sogar noch höher liegen. Ebenfalls verzerrt wird das Bild durch diejenigen Dienstleistungen, die zwar nicht selbst grenzüberschreitend gehandelt werden, jedoch als Vorleistungen in diverse Exportgüter eingehen. Dreiviertel der Dienstleistungsexporte entfallen auf Industrieländer, das übrige Viertel verteilt sich recht ungleich auf Entwicklungsländer. Größte Exporteure sind die Europäische Union (574 Mrd. US-Dollar in 1999) und die USA (253,4 Mrd. US-Dollar). Der Auslandsreiseverkehr (Tourismus) und der Transport stellen dabei die bedeutsamsten Sektoren dar. Ihre Umsätze machen 32,8% bzw. 23% des weltweiten Dienstleistungshandels aus. Auf die übrigen kommerziell gehandelten Dienste entfallen 44% (WTO 2000c).

Der Dienstleistungsanteil am Welthandel gilt jedoch als relativ gering im Vergleich zur stetig angewachsenen ökonomischen und beschäftigungspolitischen Bedeutung des tertiären Sektors. Der Trend zur »Tertiarisierung«, also der Aufstieg der Dienstleistungen zu Lasten des landwirtschaftlichen und industriell-gewerblichen Sektors, zeigt sich sowohl in den Industrieländern als auch in zahlreichen Schwellenländern. In den OECD-Staaten tragen Dienstleistungen mittlerweile mit 60 bis 70% zum Bruttoinlandsprodukt bei und beschäftigen 64% aller Arbeitnehmerinnen und Arbeitnehmer (OECD 2000). In den Entwicklungsländern wird dieser Anteil auf durchschnittlich 40% beziffert (Mashayekhi 2000).

Erfolgreiche Lobbyarbeit der Industrie

Dass es überhaupt zur Einigung auf das GATS kommen konnte, ist nicht zuletzt auf die Lobbyarbeit einflussreicher Dienstleistungskonzerne zurückzuführen. Industrieverbände nehmen traditionell starken Einfluss auf die Verhandlungen über den internationalen Handel. Deren Lobbying für ein multilaterales Dienstleistungsabkommen begann in den USA schon zu Beginn der 1980er Jahre, als die in der Coalition of Services Industries (CSI) zusammengeschlossenen Konzerne das Thema auf die Agenda der Uruguay-Runde bringen konnten. Daneben werden der US-Handelsbeauftragte und das US-Wirtschaftsministerium durch sogenannte Industrial Sector Advisory Committees (ISAs) beraten. Während der vergangenen Welthandelsrunde ließ sich die Europäische Kommission durch den European Roundtable of Industrialists (ERT) und den europäischen Arbeitgeberverband UNICE (Union of Industrial und Employers Confederation of Europe) beraten (siehe auch Kapitel 3, »Entdeckung transnationaler Dienstleistungen«).

Nach langen Verhandlungen unterzeichneten die GATT-Vertragspartner schließlich am 15. April 1994 in Marrakesch die Schlussakte der Uruguay-Runde. Neben dem Übereinkommen zur Errichtung der WTO, dem Agrarabkommen und dem Abkommen über den Schutz geistiger Eigentumsrechte (TRIPS) gehört das GATS zu den wichtigsten Verhandlungsergebnissen der Handelsrunde. Alle Mitgliedsstaaten der WTO sind auch Mitglieder des GATS. Wie die übrigen Verträge trat das GATS am 1.1.1995 in Kraft.

Zur Begleitung der Neuverhandlung des GATS wurde Anfang 1999 das European Services Forum (ESF) gegründet. Nach Dietrich Barth, Sachverständiger der Generaldirektion Handel der Europäischen Kommission, ist das European Services Forum »eine privatwirtschaftliche Organisation der Dienstleistungswirtschaft, die eng mit der EU-Kommission zusammen arbeitet, um die offensiven und eventuelle defensive Handelsinteressen der Gemeinschaft zu definieren und die Kommission zu beraten« (Barth 2000: 290). Während auf US-amerikanischer Seite weiterhin die CSI die GATS-Verhandlungsstrategie zu beeinflussen versucht, übernimmt in Japan diese Aufgabe das Japan Services Network.

Auffällig bei der neuen Verhandlungsrunde ist die weitgehende Übereinstimmung der Forderungen US-amerikanischer und europäischer Industrievertreter, die sich zudem im Rahmen des Transatlantic Business Dialogue (TABD) unmittelbar miteinander abstimmen können. Zu den Kernforderungen gehören dabei u.a. die Erweiterung des Umfangs von Verpflichtungen in allen Dienstleistungssektoren und allen Erbringungsarten; die vollständige Niederlassungsfreiheit im Ausland sowie die Gewährung von Mehrheitsbesitz und Inländerbehandlung; die Entwicklung wettbewerbsfördernder Prinzipien für die innerstaatliche Regulierung; die Freiheit für die konzerninterne Mobilität von Schlüsselpersonal, aber auch für die Vertragserbringung ohne Auslandsniederlassung; die Öffnung des staatlichen Beschaffungswesens für ausländische Anbieter und die größere Transparenz bei der Subventionsvergabe im Dienstleistungsbereich (vgl. CSI 2000, ESF 1999, UNICE 2000).

Wesentliche Bestimmungen des GATS

Da es keine allgemein geteilte definitorische Abgrenzung von Dienstleistungen zu Gütern gab, wurde im Rahmen der Verhandlungen zum GATS in Anlehnung an die Zentrale Produktklassifikation der Vereinten Nationen[1] ein eigenes Schema entwickelt, das Dienstleistungen in zwölf Sektoren unterteilt, die wiederum in rund 155 Subsektoren untergliedert sind (vgl. Tabelle 1).

Das GATS unterscheidet ferner im Artikel I vier Arten (»modes«), wie Dienstleistungen erbracht werden:

1. die grenzüberschreitende Lieferung;
2. der Konsum von Dienstleistungen im Ausland (z.B. im Tourismus);
3. die kommerzielle Präsenz im Ausland und
4. die zeitweise Migration von Dienstleistungserbringern.

Damit erstreckt sich das GATS nicht nur auf den klassischen grenzüberschreitenden Handel, sondern auch auf ausländische Direktinvestitionen und die befristete Arbeitsmigration. Da gegenwärtig mehr als 50% der weltweit getätigten ausländischen

[1] Die Zentrale Produktklassifikation (Central Product Classification – CPC) der UN ist das einzige internationale Klassifikationsschema, das sowohl Güter und Dienstleistungen umfasst. In einer vorläufigen Fassung wurde die CPC 1991 veröffentlicht, 1997 nahm die UN Statistik-Kommission eine endgültige Version 1.0 der CPC an (Whichard 2001: 96).

bestimmter Gemeinwohlverpflichtungen) wahrnehmen. Hinzu kommt, dass in vielen Ländern in den klassischen Bereichen der Daseinsvorsorge (Bildungs- und Gesundheitswesen, Energie- und Wasserversorgung, Müllbeseitigung, Verkehr, Post und Telekommunikation) ohnehin öffentliche und private Anbieter nebeneinander existieren. Es besteht folglich eine große Unsicherheit, die durch zukünftige Interpretationen dessen, was als hoheitliche Aufgabe unter dem GATS gelten soll, noch erhöht wird. Eine solche Klärung kann auch durch die Urteile von Streitschlichtungsverfahren stattfinden, wobei es für das GATS aber noch keine Erfahrungen gibt.[2]

Bei öffentlich bereitgestellten Krankenhausdiensten stellt das WTO-Sekretariat selbst in Frage, ob sie unter die Hoheitsklausel, d.h. die Ausnahme des GATS Artikels 1.3 (b), fallen. Der Krankenhaussektor besteht laut WTO in den meisten Ländern aus »Einrichtungen im staatlichen und privaten Besitz, die beide kommerziell tätig sind, da sie Patienten bzw. deren Versicherungen die Behandlungskosten in Rechnung stellen« (WTO 1998b: 11). Daher sei es unrealistisch, für eine Anwendung des GATS Artikels 1.3 (b) zu argumentieren. Die WTO folgert, dass in den Sektoren, in denen GATS-Verpflichtungen übernommen wurden, »Subventionen und ähnliche ökonomische Vergünstigungen, die einer Gruppe von Anbietern gewährt werden, unter die Verpflichtung zur Inländerbehandlung fallen...« (ebd.). Nach dieser weitreichenden Interpretation ist ausländischen Anbietern von Krankenhausdienstleistungen der vollständige Zugang zu sämtlichen staatlichen Unterstützungsmaßnahmen zu gewähren, die sonst nur öffentlichen bzw. im öffentlichen Auftrag auftretenden Krankenhausdienstleistern eingeräumt werden. Bei Erhebung von Gebühren laufen die Anbieter öffentlicher Gesundheitsdienste also Gefahr, als Konkurrenten pri-

[2] Es gibt bisher erst einen Streitfall, der sich unmittelbar auf das GATS bezieht. Im April 2002 setzte das Streitschlichtungsorgan der WTO aufgrund einer Klage der USA ein Panel ein, das zu urteilen hat, ob Mexiko seine Verpflichtungen nach dem GATS-Abkommen über Basistelekommunikation verletzt hat (siehe Kapitel 5, S. 88ff.). Zuvor gab es drei Streitfälle, die zwar den Warenhandel betrafen, jedoch auch einige Bezüge zum GATS aufwiesen (WTO 2001d).

vater Anbieter interpretiert zu werden und damit unter die GATS-Regeln zu fallen (Waghorne 2000: Annex 4).

Die allgemeinen Verpflichtungen

Das GATS unterscheidet zwischen allgemeinen Verpflichtungen, die für alle Dienstleistungssektoren gleichermaßen gelten sollen, und den spezifischen Verpflichtungen, die nur insoweit gelten, wie die Mitglieder konkrete Verpflichtungen eingegangen sind (vgl. Tabelle 2). Die spezifischen Verpflichtungen sind als eigene Länderlisten Teil des GATS. Das flexible Liberalisierungskonzept des GATS erlaubt es den Mitgliedern im Prinzip, nur in den Sektoren ihren Markt zu öffnen, in denen sie es für opportun halten.

Meistbegünstigung: Motor der Liberalisierung

Das Meistbegünstigungsprinzip verlangt, dass Handelsvergünstigungen, die einem Land gewährt werden, automatisch auch allen anderen WTO-Mitgliedern zugestanden werden müssen. Dieses Prinzip wird als der wesentliche Motor der weltweiten Verbreitung der Handelsliberalisierung angesehen. Allerdings gibt es im GATS einige allgemeine Meistbegünstigungsausnahmen, so für regionale Integrationsabkommen (Art. V). Diese Ausnahme ist z.B. für die EU von Bedeutung, da sie verhindert, dass Handelsvorteile des Binnenmarkts umstandslos auch Drittstaaten gewährt werden müssen. Weitere allgemeine Meistbegünstigungsausnahmen gibt es bei der gegenseitigen Anerkennung z.B. von Qualifikationen (Art. VII), bei der öffentlichen Auftragsvergabe (Art. XIII) sowie bei den generellen Ausnahmen des Artikels XIV, worunter z.B. der Schutz der öffentlichen Sicherheit und Ordnung fällt.

Daneben gewährte das GATS länderspezifische Meistbegünstigungsausnahmen, die mit der Absicht, sie unbeschränkt lange beizubehalten, angemeldet werden konnten. Jedoch werden alle Ausnahmen spätestens fünf Jahre nach Inkrafttreten des GATS auf ihre »Notwendigkeit« hin überprüft. So heißt es in der GATS-Anlage zu den Meistbegünstigungsausnahmen: »Grundsätzlich sollen derartige Ausnahmen einen Zeitraum von zehn Jahren nicht überschreiten. Auf jeden Fall sind die Ausnahmen Gegenstand von Verhandlungen im Rahmen späterer Handelsli-

Tabelle 2: Die Struktur des GATS

Teil I Reichweite und Definition
Artikel I Reichweite und Definition

Teil II Allgemeine Verpflichtungen und Disziplinen
Artikel II Meistbegünstigung
Artikel III Transparenz
Artikel III Veröffentlichung vertraulicher Informationen
Artikel IV Verstärkte Beteiligung der Entwicklungsländer
Artikel V Regionale wirtschaftliche Integration
Artikel V Abkommen über die Integration von Arbeitsmärkten
Artikel VI Nationale Regulierung
Artikel VII Anerkennung
Artikel VIII Monopole und alleinige Dienstleistungsanbieter
Artikel IX Geschäftspraktiken/ Industriestrukturen
Artikel X Maßnahmen in Notsituationen
Artikel XI Internationaler Zahlungsverkehr
Artikel XII Maßnahmen bei Zahlungsbilanzungleichgewichten
Artikel XIII Öffentliche Auftragsvergabe
Artikel XIV Generelle Ausnahmen
Artikel XIV (militärische) Sicherheitsausnahmen
Artikel XV Subventionen

Teil III: Spezifische Verpflichtungen
Artikel XVI Marktzugang
Artikel XVII Inländerbehandlung
Artikel XVIII Zusätzliche Verpflichtungen

Teil IV: Fortschreitende Liberalisierung
Artikel XIX Verhandlungen über Liberalisierungsverpflichtungen
Artikel XX Listen der Liberalisierungsverpflichtungen
Artikel XXI Änderungen der Liberalisierungsverpflichtungen

Teil V: Institutionelle Regeln
Artikel XXII Beratungen
Artikel XXIII Streitbeilegungsverfahren und Durchsetzung
Artikel XXIV Ausschuss für Dienstleistungshandel
Artikel XXV Technische Kooperation
Artikel XXVI Beziehungen zu anderen internationalen Organisationen

Teil VI: Schlussbestimmungen
Artikel XXVII Verweigerung von Handelsvorteilen
Artikel XXVIII Definitionen
Artikel XXIX Anhänge

Anhänge:
Anhang für Artikel II Ausnahmen (Meistbegünstigung)
Anhang über die Wanderung natürlicher Personen als Dienstleistungsanbieter
Anhang über Luftverkehrsdienstleistungen
Anhang über Finanzdienstleistungen
Zweiter Anhang über Finanzdienstleistungen
Anhang über die Verhandlungen der Seeverkehrsdienstleistungen
Anhang über Telekommunikationsdienstleistungen
Anhang über die Verhandlungen zur Telekommunikationsinfrastruktur

beralisierungsrunden.« Folglich wird im Rahmen der aktuellen Handelsrunde auch über die Fortführung der Meistbegünstigungsausnahmen verhandelt. Die Industrieländer haben zahlreiche Meistbegünstigungsausnahmen angemeldet, so bei Finanzdienstleistungen, Telekommunikation, audiovisuellen Diensten, Seeverkehr und bei der Erbringungsart des grenzüberschreitenden Personenverkehrs. Ein großer Teil der Meistbegünstigungsausnahmen der Europäischen Union betrifft die audiovisuellen Dienstleistungen (vgl. Liste der spezifischen Verpflichtungen: 1723f.).

Das Einfallstor: Transparenz
Artikel III des GATS enthält die Verpflichtung, alle Maßnahmen, die den Dienstleistungshandel betreffen, zu veröffentlichen. Einmal im Jahr muss die WTO über die Änderungen diesbezüglicher Gesetze, Vorschriften oder Verwaltungsrichtlinien unterrichtet werden. Innerhalb von zwei Jahren nach Errichtung der WTO mussten zudem nationale Auskunftsstellen eingerichtet werden, die andere Mitglieder über alle den Dienstleistungshandel betreffende oder einschränkende Maßnahmen informieren. Die Transparenz-Anforderung entfaltet besonders im Zusammenhang mit den Bestrebungen zur Harmonisierung innerstaatlicher Regulierungen sowie zur weltweiten Ausschreibung von Staatsaufträgen ihr Konfliktpotenzial (s.u.).

Durchgriff auf die nationale Ebene: Innerstaatliche Regulierung
Mit dem Artikel VI über die innerstaatliche Regelung ist einer der sensibelsten Bereiche des GATS angesprochen. Die politische Brisanz der Verhandlungen liegt vor allem darin, dass bedeutende Hemmnisse für den internationalen Handel mit Dienstleistungen nicht – wie bei Waren – in Maßnahmen der Zollpolitik, sondern in innerstaatlichen Regelungen bestehen. Mit dem GATS wurde eine multilaterale Verhandlungsinstanz geschaffen, die die Entwicklung international verbindlicher Disziplinen für die staatliche Gesetzgebung und die Regulierung sämtlicher Dienstleistungsmärkte zum Zweck hat. Diese Disziplinen erstrecken sich auf Gesetze, Verordnungen, Verwaltungsrichtlinien, Normen und Standards sowohl auf der nationalen als auch auf der regionalen und kommunalen Ebene. Damit greift das GATS weit in die Innenpolitik der WTO-Mitglieder ein und berührt nicht selten zentrale und sensible Bereiche staatlicher Regelungshoheit.

Zwar bestätigt das GATS in seiner Präambel und im Artikel VI grundsätzlich das Recht der Mitgliedsstaaten, die Erbringung von Dienstleistungen nach ihren politischen Zielen zu regulieren und auch neue Regeln einzuführen. Dabei dürfen die eingegangenen Liberalisierungsverpflichtungen aber nicht eingeschränkt oder zunichte gemacht werden. Der Rat für den Dienstleistungshandel wird in Artikel VI beauftragt, Disziplinen zu entwickeln, die gewährleisten, dass nationale Qualifikationserfordernisse, technische Normen sowie Zulassungsverfahren keine unnötige Belastung des Dienstleistungshandels darstellen. Diese Disziplinen sollen sicherstellen, dass solche Erfordernisse auf objektiven und transparenten Kriterien beruhen und dass sie nicht belastender sind als nötig, um die Qualität einer Dienstleistung sicherzustellen. Welche politischen Ziele aber handelsbeschränkende Maßnahmen legitimieren können, ist noch ungeklärt. Offen ist, ob zur Qualität einer Dienstleistung auch ihre soziale, arbeits-, umwelt- oder strukturpolitische Verträglichkeit gezählt werden darf.

Zur Erarbeitung sektorübergreifender Disziplinen wurde eine »Arbeitsgruppe zu innerstaatlicher Regulierung« eingesetzt. Diese verhandelt vor allem über folgende Punkte (Barth 2000):

- Transparenz hinsichtlich der politischen Ziele der staatlichen Regulierung, einschließlich internationaler Konsultationen schon im Vorfeld nationaler Gesetzgebungsvorhaben.
- Kriterien zur Bestimmung der Notwendigkeit einer staatlichen Maßnahme zur Erreichung ihres Ziels, der sog. Notwendigkeitstest. Dabei soll darauf geachtet werden, dass eine Maßnahme den Handel so wenig wie möglich beeinträchtigt.
- Gegenseitige Anerkennung von Qualifikations- und Zulassungsanforderungen und die Anwendung internationaler Standards.

Das GATS erzeugt folglich einen Druck, schon im Entwurfs- und Beratungsstadium nationaler Regelungen in einen internationalen Beratungsprozess mit interessierten Parteien einzutreten (OECD 2000a). Offen ist dabei, inwieweit nationale Politikpräferenzen, die durch parlamentarische Verfahren legitimiert sein können, gegenüber einzelnen Handelspartnern zurückgestellt werden, insbesondere wenn es bestimmte Druckmittel von Seiten dieser Länder gibt.

So rangiert bei den aktuellen Marktöffnungsforderungen (»requests«) der USA die Transparenz der innerstaatlichen Regulierung an erster Stelle. Um ihren Dienstleistungsexporteuren den Zutritt auf ausländischen Märkten zu erleichtern, verlangen die USA laut einer offiziellen Zusammenfassung der US-amerikanischen GATS-Forderungen von allen WTO-Mitgliedern »Verfahren zur Information der Öffentlichkeit über Regulierungen oder Veränderungen bestehender Regulierungen, *bevor diese von den zuständigen Einrichtungen abschließend beraten werden und in Kraft treten*« (USTR 2002, Hervorhebung d. Aut.). Die vielfach durchaus wünschenswerte Verbesserung der Information der Öffentlichkeit über anstehende Gesetzesinitiativen oder Revisionen bestehender Gesetze und Verordnungen wird hier in den Dienst einer forcierten Öffnung zum Weltmarkt gestellt. Über dieses Motiv lassen die USA auch keinen Zweifel: »Intransparente innerstaatliche Regulierung resultiert in zusätzlichen Handelsbarrieren« (ebd.). Entsprechend üben nach Aussage von Handelsexperten in Genf die Unterhändler starken Druck u.a. auf Entwicklungsländer aus, innerstaatliche Regulierungen liberaler auszugestalten (vgl. Sharma 2002).

Wettbewerbsregeln

Monopole und wettbewerbsbeschränkende Geschäftspraktiken wie Preisabsprachen oder Kartelle können den Handel mit Dienstleistungen einschränken. Der diesbezügliche GATS Artikel VIII über Monopole und Dienstleistungserbringer mit ausschließlichen Rechten ist allerdings nicht sehr weitreichend. Gleiches gilt für Artikel IX über wettbewerbsbeschränkende Geschäftspraktiken. Artikel VIII verpflichtet die Mitgliedsstaaten lediglich sicherzustellen, dass ihre Monopolisten nicht gegen die Meistbegünstigungsklausel und gegen die spezifischen Liberalisierungsverpflichtungen verstoßen. Artikel IX verpflichtet die Mitglieder zu wechselseitigem Informationsaustausch und Konsultationen mit dem Ziel, restriktive Praktiken zu unterbinden. Hinweise auf mögliche Gründe, die Monopolstellungen auch rechtfertigen könnten, wie z.B. natürliche Monopole oder der Schutz öffentlicher Güter, finden sich in den beiden Artikeln allerdings nicht (vgl. dazu auch Kapitel 3).

Notstandsmaßnahmen

Während der den Güterhandel regelnde GATT-Vertrag die Möglichkeit vorsieht, eingegangene Liberalisierungsverpflichtungen unter bestimmten Bedingungen zeitlich befristet auszusetzen, gibt es eine solche Regelung im GATS bisher noch nicht. Allerdings schreibt Artikel X des GATS Verhandlungen über Notstandsmaßnahmen vor, die ursprünglich schon drei Jahre nach Inkrafttreten des Abkommens hätten abgeschlossen werden sollen. Bisher ist es aber in der zuständigen Arbeitsgruppe zu keiner Einigung gekommen. Vor allem Entwicklungsländer setzen sich für eine verbindliche Notstandsklausel ein, während die Industrieländer einen solchen Mechanismus ablehnen. Sie verweisen auf die ihrer Ansicht nach hinreichende Flexibilität des GATS.

Auch Gewerkschaften sprechen sich für die Verankerung von Notstandsmaßnahmen im GATS aus. Die österreichische Arbeiterkammer fordert beispielsweise, dass eine Sicherheitsklausel den Schutz des inländischen Arbeitsmarkts ermöglichen muss. Liberalisierungsverpflichtungen sollten bei drohender großer Arbeitslosigkeit und bei Dumping zeitweise zurückgenommen werden können. Eine solche Klausel sollte ferner Frühwarnsysteme über die Beschäftigungsentwicklung enthalten sowie eine flexible Anwendung hinsichtlich der verschiedenen Erbringungsarten erlauben, damit z.B. eine Aussetzung von Verpflichtungen beim Personenverkehr möglich ist, während die Niederlassungsfreiheit unberührt bliebe (Desseffwy 1999: 10f.).

Zahlungen und Übertragungen

Der internationale Zahlungs- und Kapitalverkehr war in der Uruguay-Runde stark umstritten. Die Industrieländer strebten insbesondere eine Lockerung der in vielen Entwicklungsländern verbreiteten Kapitalverkehrskontrollen an, mit denen diese sich gegen unerwünschte und gegebenenfalls destabilisierende Zu- oder Abflüsse abzusichern versuchen. Artikel XI des GATS verbietet den WTO-Mitgliedern aber die »Beschränkung internationaler Übertragungen und Zahlungen im Rahmen laufender Geschäfte, die mit ihren spezifischen Verpflichtungen zusammenhängen«. Mit diesen Bestimmungen können folglich Beschränkungen einer souveränen Steuerung von Kapitalströmen einhergehen (vgl. dazu Kapitel 5). So verlangt die EU beispielsweise in ihrem Forderungsentwurf von Argentinien den Verzicht auf Quellensteuern, die auf die grenzüberschreitende Kreditvergabe im Bank- und Versicherungsgewerbe erhoben werden (Ad Hoc 133 Committee 2002a).

Öffentliches Beschaffungswesen

Ökonomisch handelt es sich beim öffentlichen Beschaffungswesen um einen Bereich von äußerst hoher Bedeutung. So wird geschätzt, dass die weltweiten öffentlichen Aufträge jährlich einem Wert von 10-15% des Bruttoinlandsprodukts entsprechen. Unter dem GATS ist es bisher allerdings noch nicht zu multilateralen Regeln für das öffentliche Beschaffungswesen gekommen. Der GATS Artikel XIII nimmt öffentliche Beschaffungen von Dienstleistungen ausdrücklich vom Meistbegünstigungsprinzip, vom Markzugang und von der Inländerbehandlung (Gleichbehandlung in- und ausländischer Anbieter) aus. Er fordert aber, dass innerhalb von zwei Jahren nach Inkrafttreten der WTO-Verträge hierzu Verhandlungen im Rahmen des GATS stattfinden sollen. Diese sind auch im Jahr 1997 unter der Ägide der Arbeitsgruppe zu GATS-Regeln begonnen worden, verlaufen bisher allerdings schleppend, die speziell dazu eingerichtete Arbeitsgruppe hat sich auf die Datensammlung beschränkt.

Parallel besteht aber schon ein Übereinkommen über das öffentliche Beschaffungswesen im Rahmen der WTO, das die Inländerbehandlung und Nichtdiskriminierung bei öffentlichen Aufträgen regelt, das sog. Government Procurement Agreement (GPA). Hierbei handelt es sich jedoch um ein »plurilaterales« Abkommen, das lediglich für die 23 Unterzeichnerstaaten gilt, darunter die EU und ihre Mitgliedsländer, die USA und Japan. Seine Regeln erstrecken sich auf die Beschaffung von Waren und Dienstleistungen auf zentralen und niedrigeren Verwaltungsebenen. In einer Positivliste sind die erfassten Dienstleistungen aufgeführt. Die EU hat Ausnahmen von den GPA-Bestimmungen in einigen Sektoren festschreiben lassen, so in den Bereichen Telekommunikation, Verkehr, Elektrizitäts- und Wasserversorgung (Evenett/Hoekman 2000: 151).

Die Gewerkschaften fordern, dass weitere Marktöffnungszugeständnisse bei öffentlichen Aufträgen der EU nur bei Einhaltung dreier Konventionen der Internationalen Arbeitsorganisation (»International Labour Organisation« – ILO) gemacht werden dürfen, und zwar die ILO-Konventionen 94 (Regierungsaufträge), 95 (Lohnschutz) und 98 (Vereinigungsfreiheit, Kollektivvertragsrecht). Ein zukünftiges europäisches Vergaberecht, das diese Kriterien aufnehmen würde, könnte eine Orientierung für das entsprechende WTO-Abkommen sein (Desseffwy 1999; DGB 2001). In der Bundesrepublik gibt es in einigen Bundesländern (Berlin, Bayern, Saarland, Sachsen-Anhalt) Vergabegesetze, die die Tariftreue für Bewerber um öffentliche Bauaufträge voraussetzen. Auf Bundesebene gibt es derartige Regeln noch nicht. Der Entwurf des Tariftreue-Gesetzes scheiterte kürzlich im Bundesrat und wurde an den Vermittlungsausschuss überwiesen. Ferner fordert der Europäische Gewerkschaftsbund, dass bei der derzeitigen Überprüfung mehrerer EU-Direktiven zu öffentlichen Aufträgen für die Bereiche Lieferungen, Dienstleistungen, Bauarbeiten, Wasser, Energie und Verkehr eine Sozialklausel (»fair labour standards clause«) eingebaut wird. Diese Klausel soll die Einhaltung von Kollektivverträgen, Chancengleichheit, Nichtdiskriminierung sowie sozialpolitische und Wachstumsziele gewährleisten. Ferner wird die EU aufgefordert, erst nach öffentlicher Diskussion ihrer geplanten Stellungnahme zu den sozialen und ökologischen Aspekten öffentlicher Beschaffung Veränderungen an den genannten Direktiven vorzunehmen (ETUC et al. 2001, Belgische Präsidentschaft 2001).

Allgemeine Ausnahmen

Das GATS räumt mit dem Artikel XIV ferner einige allgemeine Ausnahmen von seinen Liberalisierungsverpflichtungen ein. Dazu gehören Maßnahmen zur Aufrechterhaltung der öffentlichen Ordnung und Moral, zum Schutz des Lebens und der Gesundheit von Menschen, Tieren und Pflanzen sowie zur Einhaltung bestimmter Gesetze und der Wahrung der Sicherheit. Mit Ausnahme des Gesundheitsschutzes fehlen hier allerdings weitergehende Arbeits- und Sozialstandards, die eine handelsbeschränkende Maßnahme rechtfertigen könnten. Ebenso wurde – anders als im GATT Artikel XX – der Schutz begrenzter natürlicher Ressourcen nicht aufgenommen. Der Wunsch Belgiens und Frankreichs nach einer kulturellen Ausnahmeklausel wurde ebenfalls nicht berücksichtigt (vgl. Fritz 2002: 31-33).

Subventionen
Anders als das GATT-Abkommen über den Warenhandel enthält das GATS keine verbindlichen Regelungen zur Subventionierung von Dienstleistungen. GATS Artikel XV enthält lediglich den Hinweis, dass Subventionen zu Verzerrungen im Dienstleistungshandel führen können und verlangt die Aufnahme von Verhandlungen über erforderliche multilaterale Disziplinen. Diese Verhandlungen sind im März 1996 aufgenommen worden, haben bisher aber noch keine konkreten Ergebnisse gebracht. Artikel XV fordert die Mitgliedsstaaten auch zu gegenseitigen Konsultationen im Fall von subventionsbezogenen Konflikten auf.

Allerdings können Subventionen vermittelt über die Prinzipien der Inländerbehandlung und der Meistbegünstigung unter die GATS-Bestimmungen fallen. Werden nämlich in den Länderlisten spezifische Verpflichtungen bei der Inländerbehandlung oder der Meistbegünstigung übernommen und Subventionen nicht explizit ausgenommen, müssten diese auch ausländischen Anbietern zugestanden werden (WTO 1996: 8; Gauthier 2000: 176). Dieses würde nach der oben dargestellten Interpretation des WTO-Sekretariats auch öffentliche Bereiche betreffen, die vordergründig durch die Hoheitsklausel geschützt sind.

Sektorspezifische Verpflichtungen – Die Länderlisten

Zwar gelten für das GATS mit dem Marktzugang (Art. XVI), der Inländerbehandlung (Art. XVII) und der Meistbegünstigung (Art II) die gleichen Prinzipien, die auch auf den Güterhandel angewendet werden. Jedoch lässt es einige wichtige Einschränkungen zu, die den Mitgliedsstaaten bisher eine hohe Flexibilität gewährten. Die Prinzipien des Marktzugangs und der Inländerbehandlung (die Gleichbehandlung von Dienstleistungen in- und ausländischer Anbieter auf dem inländischen Markt) sind nur auf diejenigen Sektoren anwendbar, die die WTO-Mitglieder in die Länderlisten mit spezifischen Verpflichtungen (»schedules of specific commitments«) aufgenommen haben. Während die Industrieländer in ihren Länderlisten alle wichtigen Sektoren zumindest abdecken, haben die Entwicklungsländer eine deutlich geringere Zahl von Sektoren liberalisiert. Diese Sektoren können überdies weiter geschützt werden. Aufgrund der flexiblen Struktur des GATS, die es den Staaten überlässt, die – keinesfalls vollständig – zu liberalisierenden Sektoren selbst zu bestimmen, spricht man auch von einem »bottom up«- oder »Positivlisten«-Ansatz.

Der Artikel XVI, Abs. 2 zum Marktzugang umfasst alle quantitativen Handelshemmnisse, die den Mitgliedern untersagt sind, es sei denn, sie haben sich entsprechende Rechte in ihren Länderlisten vorbehalten. Zu den verbotenen Maßnahmen gehören Beschränkungen

- der Zahl der Dienstleistungserbringer,
- des Gesamtwerts der Geschäfte oder des Betriebsvermögens,
- der Gesamtzahl oder des Volumens der Dienstleistungen,
- der Zahl natürlicher Personen, die in einem Sektor oder von einem Erbringer beschäftigt werden dürfen,
- der zulässigen rechtlichen Unternehmensform sowie
- der Höhe ausländischer Kapitalbeteiligungen.

Die Verpflichtungen zur Inländerbehandlung (Art. XVII) verlangen eine qualitative Gleichbehandlung in- und ausländischer

Tabelle 3: Beispiel einer Länderliste

	Beschränkung des Marktzugangs	**Beschränkung der Inländerbehandlung**
Horizontale Verpflichtungen	1) Keine 2) Keine 3) Ausländische Beteiligungen von max. 49% 4) Ungebunden: außer Schlüsselpersonal unter 1 Jahr	1) Keine 2) Keine 3) Zustimmungspflicht bei Beteiligungen über 25% 4) Ungebunden: außer Schlüsselpersonal unter 1 Jahr
Sektorspezifische Verpflichtungen z.B.: Unternehmens-DL Kommunik.-DL Bau-DL usw.	1) Niederlassung erforderlich 2) Keine 3) 30% des Führungspersonals aus dem Inland 4) Ungebunden: außer Schlüsselpersonal unter 1 Jahr	1) Keine Beschränkungen für Transportversicherungen; Status quo für alle anderen Versicherungsdienstleister 2) Keine 3) Ungebunden 4) Ungebunden: außer Schlüsselpersonal unter 1 Jahr

Erbringungsarten (modes of supply):
(1) grenzüberschreitende Lieferung
(2) Konsum im Ausland
(3) kommerzielle Präsenz
(4) Aufenthalt von Personen
Keine: keine Beschränkung des Freihandels
Ungebunden: kein Liberalisierungszugeständnis

Anbieter. Wenn ein Mitglied Verpflichtungen zur Inländerbehandlung in seine Länderliste aufnimmt, sollen in- und ausländische Anbieter eine gleichwertige Behandlung erfahren, sodass faktisch gleiche Wettbewerbsbedingungen geschaffen werden. Tabelle 3 (siehe Seite 25) zeigt den recht komplexen Aufbau der Länderlisten, die rechtlich verbindliche Bestandteile des GATS-Abkommens sind.

Die Sektoren, in denen die Mitglieder überhaupt gewillt sind, spezifische Verpflichtungen zu übernehmen, können sie selbst bestimmen. Daneben können sie sowohl für die horizontalen Verpflichtungen, die sich auf mehrere Sektoren und Erbringungsarten erstrecken, als auch für die spezifischen Verpflichtungen Beschränkungen des Marktzugangs oder der Inländerbehandlung in ihrer Liste eintragen. Die Eintragungen sind wiederum strukturiert nach den vier Erbringungsarten von Dienstleistungen. Bei 155 Dienstleistungssektoren, vier Erbringungsarten und der Möglichkeit, Beschränkungen des Marktzugangs und der Inländerbehandlung einzutragen, könnten pro Land maximal 1.240 Eintragungen vorgenommen werden. Die weitere Liberalisierung kann durch die Integration bisher nicht gelisteter Sektoren, durch die Abschaffung sie betreffender Handelshemmnisse sowie den Abbau bereits in den Listen eingetragener Beschränkungen stattfinden.

Für die EU und ihre Mitgliedsstaaten gibt es eine gemeinsame Verpflichtungsliste (vgl. WTO 1994). In diese Liste sind die jeweiligen Beschränkungen bei Marktzugang und Inländerbehandlung seitens der EU-Mitgliedsstaaten eingetragen worden. Die horizontalen Verpflichtungen erstrecken sich auf sämtliche Sektoren, die in der Rubrik der spezifischen Verpflichtungen aufgelistet sind. Allerdings tauchen viele der 155 Subsektoren überhaupt nicht in der EU-Liste auf, d.h. für sie gibt es folglich keinerlei Verpflichtungen (ausführlicher dazu Kapitel 4).

Fortschreitende Liberalisierung

Schließlich legt das GATS in seinem Artikel XIX das Prinzip fortschreitender Liberalisierung fest. Spätestens fünf Jahre nach Inkrafttreten des Abkommens sollen die Mitglieder eine neue Verhandlungsrunde zum GATS starten. Diese Runden sollen danach regelmäßig stattfinden. Auch wenn bisher in einzelnen

Sektoren noch keine sehr weitgehenden Verpflichtungen übernommen worden sein mögen, wird deutlich, dass mit dem GATS der institutionelle Rahmen für weitere Liberalisierungsverhandlungen geschaffen wurde, die zudem »schrittweise einen höheren Stand der Liberalisierung« erreichen sollen. Die Neuverhandlung des GATS wurde im Frühjahr 2000 begonnen. Ein Jahr später, im März 2001, wurde neben einer Bestandsaufnahme der bisher von den Mitgliedern übermittelten Vorschläge auch eine Einigung über die Verhandlungsrichtlinien und -verfahren erzielt. Mit der Einigung auf eine neue Welthandelsrunde bei der WTO-Ministerkonferenz im November 2001 in Katar treten die Dienstleistungsverhandlungen in eine intensivere Phase ein. Bis zum 30. Juni 2002 mussten den Handelspartnern konkrete Marktzugangsforderungen (requests) übermittelt werden. Die Liberalisierungsangebote (offers) sollen bis 31. März 2003 folgen (WTO 2001c) (ausführlicher dazu Kapitel 8).

Das Streitschlichtungsverfahren

Bei einem Verstoß gegen die vertraglichen Verpflichtungen zwischen den Mitgliedsregierungen wird nicht automatisch ein Sanktionsmechanismus in Gang gesetzt. Vielmehr muss die Regierung eines Mitgliedslandes, die der Auffassung ist, dass ein anderes Mitglied seine Pflichten im Rahmen des GATS nicht erfüllt hat, die Initiative ergreifen und von diesem Land eine Erfüllung seiner Pflichten verlangen. Falls das beschuldigte Land keinen Änderungsbedarf sieht, kann das beschwerdeführende Mitglied das Streitbeilegungsverfahren der WTO in Anspruch nehmen. Die »WTO Vereinbarung über Regeln und Verfahren zur Beilegung von Streitigkeiten« gilt für alle im Rahmen des GATS auftretenden Streitigkeiten (Artikel XXII und XXIII). Privatunternehmen haben keinen direkten Zugang zu diesem Streitbeilegungssystem.

In der WTO-Streitbeilegungsvereinbarung sind die genauen Verfahrensregeln und Fristen für die einzelnen Schritte festgelegt. Falls auf dem Wege der Konsultationen keine für alle Beteiligten befriedigende Lösung zu erzielen ist, kann das beschwerdeführende Mitglied die Einsetzung einer Sondergruppe (»Panel«) beantragen. Diese setzt sich in der Regel aus drei Personen zusammen, die die erforderliche Sachkenntnis in den strittigen Dienstleistungsbereichen besitzen. Das Sekretariat führt eine Liste der hierfür von den Mitgliedern vorgeschlagenen Personen, i.d.R. Sachverständige für das Handelsrecht. Die Beratungen der Sondergruppe sind geheim, ihr Bericht muss vom Streitbeilegungsorgan (DSB) genehmigt werden. Anderenfalls sind ihre Empfehlungen an die Streitparteien nicht bindend.[3] Falls die Empfehlungen der Sondergruppe keine Beachtung finden, kann die beschwerdeführende Regierung die Genehmigung des DSB zur Aussetzung von Zugeständnissen beantragen, die der das Übereinkommen verletzenden Partei zuvor eingeräumt wurden. Zugeständnisse können auch in einem anderen Sektor ausgesetzt werden (so genannte »cross-retaliation«).

Wenn bspw. ein Land *D* seinen GATS-Verpflichtungen im Bereich Bildung nicht nachkommt und zugleich von der Liberalisierung des Bildungssektors im Land *U* wenig Gebrauch macht, und somit durch eine Rücknahme der Zugeständnisse im Bildungssektor des Landes *U* kaum betroffen wäre, könnte das Land *U* stattdessen Zugeständnisse in einem anderen Sektor, in dem Land *D* exportstark ist (z.B. bei Chemieprodukten), zurücknehmen.

Es gibt bisher erst einen Streitfall, der sich unmittelbar auf das GATS bezieht (siehe Kapitel 5, S. 88ff.).

Anlagen

Schließlich sind mehrere sektorspezifische Anlagen Bestandteil des GATS-Abkommens, die bis auf die Anlage zu den Meistbegünstigungsausnahmen erst nach Abschluss der Uruguay-Runde angenommen wurden. Als besondere Verhandlungserfolge gelten die Abkommen zu Telekommunikations- und Finanzdienstleistungen.

---

[3] Eine Ablehnung würde aber einen Konsens aller WTO-Mitglieder einschließlich der unterlegenen Partei erfordern. Dafür können die Parteien die Panel-Entscheidungen in einer weiteren Instanz (Appellate Body) überprüfen lassen.

2. Dienstleistungen im europäischen Binnenmarkt

Zur Beurteilung der Frage, in welcher Weise die GATS-Verhandlungen die nationale Ebene berühren können, ist es notwendig, die unterschiedlichen Ebenen der Regulierung von Dienstleistungen zu unterscheiden. So gehören die Bestimmungen der Welthandelsorganisation sowie das GATS-Abkommen zur multilateralen Regulierungsebene. Aus deutscher Sicht ist als nächst niedrige Regulierungsstufe die Europäische Union relevant. Vor allem die Regelungen für den europäischen Binnenmarkt haben für die Dienstleistungserbringung Relevanz. Schließlich werden auch im nationalen Rahmen der Bundesrepublik Dienste reguliert, wobei hier je spezifische Kompetenzen auf der Bundes-, Landes- und der kommunalen Ebene anzutreffen sind. Zentrales Motiv aller ergriffenen Maßnahmen ist jedoch schon seit Beginn der 1960er Jahre die Liberalisierung des grenzüberschreitenden Handels sowie die Deregulierung nationaler Auflagen.

Auf der regionalen Ebene sind für die Bundesrepublik Deutschland vor allem die Bestimmungen zum Dienstleistungsverkehr in der Europäischen Union von Bedeutung. Nach Artikel 2 des EG-Vertrags gehört die Errichtung eines gemeinsamen Marktes zu den zentralen Aufgaben der Gemeinschaft. Zu diesem Zweck fordert der Vertrag die Herstellung der Freiheit des Waren-, Dienstleistungs-, Personen- sowie Kapitalverkehrs. Mit der Verabschiedung und Realisierung des Binnenmarktprogramms seit 1985 sollten diese vier Grundfreiheiten des Gemeinsamen Marktes durchgesetzt werden. Dies setzt voraus, dass gemeinsame Wettbewerbsregeln aufgestellt sowie nationale Rechts- und Verwaltungsvorschriften harmonisiert werden. Mit dem Weißbuch von 1985 sowie der darauf beruhenden Einheitlichen Europäischen Akte von 1987 wurde das Ziel festgelegt, den Binnenmarkt bis 1992 zu vollenden. Das umfangreiche Programm des Weißbuchs mit seinen rund 280 Gesetzgebungsvorschlägen wurde zwar bis heute nicht vollständig umgesetzt, jedoch konnten zahlreiche Fortschritte erzielt werden (für einen aktuellen

Stand des Binnenmarktprogramms siehe: European Commission 2001).

Besonderes Augenmerk legte das Binnenmarktprogramm dabei auf die Liberalisierung der Finanzdienstleistungen, da hiervon positive Auswirkungen auf alle anderen Branchen erwartet wurden. Mit der Kapitalverkehrsrichtlinie von 1988 wurde die Liberalisierung des Kapitalverkehrs und die Aufhebung der Kapitalverkehrskontrollen in der EG umgesetzt. Die Dienstleistungs- und Niederlassungsfreiheit für Banken wurde durch die Mindestharmonisierung und die gegenseitige Anerkennung nationaler Vorschriften mittlerweile fast vollständig erreicht. Ebenso wurde die grenzüberschreitende Tätigkeit von Versicherungen mit besonderen Richtlinien zur Schadens- (1988) und Lebensversicherung (1990) erleichtert. Weitere Richtlinien (1992) sorgten schließlich für eine Harmonisierung des Versicherungswesens in der Gemeinschaft, sodass seit Mitte 1994 ein einheitlicher Versicherungsmarkt besteht (European Commission 2001: 87-89).

Ein weiterer Schwerpunkt des Binnenmarktprogramms war die *Telekommunikation.* Eine Ratsentschließung von 1988 sowie eine Richtlinie von 1990 sahen den Abbau von Monopolrechten im Fernmeldewesen vor, sodass auch private Anbieter mit Fernmeldediensten auf den Markt treten konnten. Bedeutsam ist weiter die Fernsehrichtlinie von 1989, die den Grundsatz des freien Empfangs und der freien Weiterverbreitung von Fernsehsendungen festschreibt. Seit 1998 schließlich sind alle Telekommunikationsdienste und -netze für den Wettbewerb geöffnet. Allerdings werden weite Teile des Telekommunikationsmarkts trotz der wachsenden Zahl neuer Anbieter nach wie vor von den Ex-Monopolisten beherrscht. Um den Wettbewerb zu fördern, wurde ein neues, fünf Richtlinien umfassendes, Regelwerk erarbeitet, das den Telekommunikationssektor dem allgemeinen Wettbewerbsrecht unterwerfen soll (Europäische Kommission 2000: 29-34).

Der Binnenmarkt für *Verkehrsleistungen* ist ebenfalls weitgehend verwirklicht. Der Luftverkehr ist seit 1997 vollständig liberalisiert. Seither müssen Luftfahrtunternehmen Kabotagerechte (Beförderung von Gütern und Personen) auch in den Mitgliedsstaaten eingeräumt werden, in denen sie nicht ansässig sind. Auch die Abfertigungsdienste sind weitgehend liberalisiert.

Der Seeverkehr ist ebenfalls vollständig liberalisiert, die Kabotagefreiheit besteht hier bereits seit 1993. Für den grenzüberschreitenden Güterkraftverkehr sind alle quantitativen Beschränkungen seit 1998 abgeschafft. Seit 2000 besteht im Binnenschiffsgüterverkehr Vertrags- und Preisgestaltungsfreiheit. Der grenzüberschreitende Personenbeförderungsmarkt ist seit 1992 liberalisiert. Die seit 1996 garantierten Kabotagerechte nehmen allerdings den innerstaatlichen Linienverkehr aus. Beim Eisenbahnverkehr sind die Grundfreiheiten des Binnenmarkts noch nicht verwirklicht. Beschränkungen bestehen beim Marktzugang von Eisenbahnunternehmen, der Zuweisung von Fahrwegkapazitäten sowie bei der Erhebung von Wegeentgelten (ebd.). Die Kommission hat daher ein Infrastrukturpaket zur Liberalisierung des Eisenbahnverkehrs vorgelegt, das im März 2001 in Kraft getreten ist und innerhalb von zwei Jahren umgesetzt werden muss.

Ein weiterer Schwerpunkt des Binnenmarktprogramms war der *Energiesektor,* der jedoch nur teilweise dem Dienstleistungsbereich zuzurechnen ist. 1988 verabschiedete der Europäische Rat Schlussfolgerungen zur Verwirklichung eines »Binnenmarktes für Energie«. Die Bemühungen konzentrierten sich vorrangig auf die Schaffung effizienterer Infrastrukturen und die Förderung neuer Technologien, aber auch auf die Herstellung eines Gleichgewichts zwischen Energie und Umwelt. Vorrangige Ziele waren die Erhöhung der Versorgungssicherheit und die Senkung der Energiekosten. Im Dezember 1995 verabschiedete die Kommission ein Weißbuch zur Energiepolitik, das ein umfangreiches Arbeitsprogramm für einen funktionierenden Energiebinnenmarkt enthält (Deutsche Bundesbank 1997: 183). Die ersten Liberalisierungsrichtlinien für den Elektrizitäts- und den Gasbinnenmarkt mussten bis Februar 1999 bzw. August 2000 umgesetzt werden. Sie beinhalten im Wesentlichen die Einführung gestaffelter, nachfrageabhängiger Marktöffnungsquoten, die Öffnung der Netze und wichtiger Anlagen für Dritte, die Durchführung von Entflechtungsmaßnahmen bei den Übertragungs- und Verteilungssystemen sowie die Einfuhrung wirksamer Regulierungsmechanismen. Die Liberalisierung in der EU ist wesentlich rascher vorangeschritten als erwartet und zwar sogar über das in den Richtlinien verlangte Maß hinaus. Nach Angaben der Kommission werden rund 65% der Stromnachfrage und 80% der Erdgasnachfrage in der Union bereits vollständig auf Wettbewerbsbasis abgedeckt (Europäische Kommission 2000: 36).

Allerdings ist der Binnenmarkt noch nicht ganz hergestellt. Es bestehen weiterhin Handelshemmnisse für die grenzüberschreitende Dienstleistungserbringung. So werden vielfach unzureichende Wettbewerbsregeln beklagt, die den Marktzugang beschränken. In manchen Bereichen ist es bisher nur zu bescheidenen Marktöffnungen gekommen, beispielsweise sind bisher nur ca. 3% des Marktes für Postdienste in der EU für den Wettbewerb geöffnet. Auch wird beklagt, dass in den Mitgliedsstaaten neue Beschränkungen entstanden seien, insbesondere durch Vorschriften zum Schutz des Gemeinwohls. Die Kommission wurde daher beauftragt, eine Binnenmarktstrategie zur Beseitigung von Schranken im Dienstleistungsverkehr zu entwickeln, die im Dezember 2000 vorgelegt wurde. Sie schlägt darin zwei Initiativpakete für 2001 und 2002 vor. Erklärtes Ziel ist es, »den grenzüberschreitenden Dienstleistungsverkehr genauso einfach zu machen wie dies auf nationaler Ebene möglich ist« (Europäische Kommission 2000a). Die Initiativpakete umfassen Legislativvorschläge zur Vergabe öffentlicher Aufträge, zum Fernabsatz von Finanzdienstleistungen, zur weiteren Liberalisierung des Telekommunikationsmarkts und der Postdienste, zur Harmonisierung des Urheberrechts, zur Rechnungslegungsstrategie der EU, zu Übernahmen sowie zur mehrwertsteuerlichen Behandlung elektronisch erbrachter Dienste (ebd.: 8). Daneben legte die Kommission Ende Juli 2002 einen umfassenden Bericht über die noch existierenden Beschränkungen des freien Dienstleistungsverkehrs vor (Europäische Kommission 2002).

Leistungen der Daseinsvorsorge

Die in manchen Mitgliedsstaaten ergriffenen Maßnahmen zum Schutz des Gemeinwohls sind als potenzielle Marktzugangsbarrieren unter Beschuss geraten. Artikel 86 des EG-Vertrags bestimmt, dass Unternehmen, die mit der Bereitstellung von Dienstleistungen von allgemeinem wirtschaftlichen Interesse betraut sind (dies können staatliche Unternehmen oder auch private Unternehmen der öffentlichen Hand sein), den europäischen Wettbewerbsregeln unterworfen sind. Der Europäischen Kommission wird in Artikel 86, Absatz 3 die Handlungskompetenz zur Durchsetzung dieser Bestimmung zugeteilt (EG 1999: 148-149). Diese Kompetenz hat die Europäische Kommission wahrgenommen, indem sie die Deregulierung verschiedener Dienstleistungsmärkte angeordnet hat.

Im Zuge der rasanten Privatisierungs- und Liberalisierungsentwicklungen in den Mitgliedsstaaten wurden in der politischen Diskussion zunehmend Befürchtungen über die Versorgungssicherheit und -qualität bei den öffentlichen Diensten laut (Europäische Kommission 2001b: 5). Aus diesem Grund hat man mit dem Vertrag von Amsterdam den EG-Vertrag um eine zusätzliche Bestimmung – Artikel 16 – über die Daseinsvorsorge ergänzt: »Unbeschadet der Artikel 73, 86 und 87 und in Anbetracht des Stellenwerts, den Dienste von allgemeinem wirtschaftlichen Interesse innerhalb der gemeinsamen Werte der Union einnehmen, [...] tragen die Gemeinschaft und die Mitgliedsstaaten im Rahmen ihrer jeweiligen Befugnisse im Anwendungsbereich dieses Vertrages dafür Sorge, dass die Grundsätze und Bedingungen für das Funktionieren dieser Dienste so gestaltet sind, dass sie ihren Aufgaben nachkommen können.« (EGV, Art 16)

Die Kommission definiert »Dienste von allgemeinem wirtschaftlichen Interesse« als »marktbezogene Tätigkeiten«, die im Interesse der Allgemeinheit erbracht und daher von den Mitgliedsstaaten mit besonderen Gemeinwohlverpflichtungen verbunden werden. Hiervon grenzt sie die »Leistungen der Daseinsvorsorge« als »marktbezogene oder nichtmarktbezogene Tätigkeiten« ab, die gleichfalls mit Gemeinwohlverpflichtungen verbunden werden (Europäische Kommission 2000: 42).

Die Kommission ist der Auffassung, dass der Markt in vielen Fällen der beste Mechanismus zur Bereitstellung von Leistungen der Daseinsvorsorge sei. Und weiter: »Wenn jedoch der Staat der Meinung ist, dass die Marktkräfte bestimmte, dem Gemeinwohl dienende Dienstleistungen möglicherweise nur in unzureichender Weise bereitstellen, kann er konkrete Leistungsanforderungen festlegen, damit dieser Bedarf durch eine Dienstleistung mit Gemeinwohlverpflichtungen befriedigt wird« (ebd.: 9). Die Erfüllung dieser Verpflichtungen, der klassische Fall ist die sog. Universaldienstverpflichtung, kann mit der Gewährung besonderer oder ausschließlicher Rechte (z.B. Konzessionen) oder

Finanzierungsmechanismen (z.B. Abgaben oder Fonds) einhergehen. Der Staat kann einzelnen oder allen Anbietern am Markt derartige Verpflichtungen auferlegen. Werden nur einzelnen Anbietern Gemeinwohlverpflichtungen auferlegt, kann es notwendig sein, alle übrigen Anbieter an der Finanzierung der Mehrkosten für die Bereitstellung des gemeinwohlorientierten Dienstes zu beteiligen. Der finanzielle Ausgleich, den der Staat einem Unternehmen für die Erfüllung von Gemeinwohlverpflichtungen gewährt, ist zwar eine staatliche Beihilfe, kann aber mit dem EG-Vertrag vereinbar sein, wenn der Ausgleich nicht über die Mehrkosten hinausgeht. Bezüglich der Unternehmensform, öffentlich-rechtlich oder privat, macht die Kommission keine Vorgaben, der Versorgungsauftrag muss aber per Hoheitsakt aufgetragen werden.

Mögliche Einschränkungen können sich aus dem Grundsatz der Verhältnismäßigkeit ergeben. In Verbindung mit dem Artikel 86, Abs. 2 des EG-Vertrags besagt dieser laut Kommission, dass die Mittel zur Erfüllung des Versorgungsauftrags »keine unnötigen Handelshemmnisse erzeugen dürfen«. Ferner sei sicherzustellen, »dass Einschränkungen des Wettbewerbs oder der Binnenmarktfreiheiten nicht über das zur tatsächlichen Erfüllung des Auftrags erforderliche Maß hinausgehen« (ebd.: 12). Die Kommission wacht unter Aufsicht des Europäischen Gerichtshofs über die Einhaltung des Verhältnismäßigkeitsgrundsatzes. Dabei hat sie aber offensichtlich einen gewissen Interpretationsspielraum, der es ihr ermöglicht, eine gemeinwohlorientierte Dienstleistung unter Umständen als potenzielles Handelshemmnis oder als Verstoß gegen die Binnenmarktfreiheiten einzustufen. Sobald Einrichtungen bei der Erfüllung eines Gemeinwohlauftrags wirtschaftliche Tätigkeiten aufnehmen, sind darauf die Binnenmarktregeln anzuwenden. Was jedoch im konkreten Fall wirtschaftliche Tätigkeiten sind, ist nicht immer eindeutig bestimmbar.

Bei Diensten, die im Zusammenhang mit staatlichen Bildungs- und Sozialversicherungssystemen stehen, sind die Wettbewerbs- und Binnenmarktregeln nicht anzuwenden – sofern kein Gewinnzweck verfolgt wird. Diese Bestimmung schließt natürlich nicht aus, dass weiterhin private Bildungsangebote oder Versicherungsprodukte zugelassen werden, die zu einer qualitativen und finanziellen Schwächung der staatlichen Angebote führen können.

Frankreich ist derzeit das einzige Land in der EU, das sich gegen die fortschreitende Liberalisierung öffentlicher Dienste zur Wehr setzt. Dies bedeutet allerdings nicht, dass es in Frankreich keine Privatisierungen gibt. Vielmehr richtet sich die Politik der französische Regierung dezidiert gegen das Binnenmarktprogramm im Dienstleistungsbereich. Sie setzte durch, dass Kommissionspräsident Romano Prodi gegen den Widerstand der mächtigen Kommissare für Binnenmarkt und Wettbewerb ein Konsultationspapier in Auftrag gab, das die Notwendigkeiten des Schutzes grundlegender Dienste bei zukünftigen Legislativvorhaben untersuchen soll. Das Dokument soll im Herbst 2002 vorgelegt werden. Deutsche und britische Diplomaten äußerten die Befürchtung, dass derartige Rechtsentwicklungen das Ziel der EU gefährden würden, bis 2010 zum wettbewerbsstärksten Wirtschaftsraum der Welt aufzusteigen (Financial Times, 8.8.2002).

3. Ökonomische Begründungen der Liberalisierung des internationalen Dienstleistungsverkehrs

Im Vorfeld zur Vereinbarung des Allgemeinen Abkommens über den Dienstleistungsverkehr (GATS) sind einige Studien zu den möglichen Auswirkungen verfasst worden (s. unten). Im Allgemeinen prognostizieren sie hohe volkswirtschaftliche Wohlfahrtsgewinne. Sie basieren allerdings auf relativ einfachen Annahmen und ihre Prognosen fallen recht pauschal aus. Es mangelt an Studien, die die Auswirkungen der bisherigen Liberalisierungen im Dienstleistungsbereich differenziert untersuchen. Dies dürfte vornehmlich dem Umstand geschuldet sein, dass der Dienstleistungshandel noch ein relativ neues und im Verhältnis zum Güterhandel wesentlich komplexeres Phänomen ist. Während die Liberalisierung im Warenhandel für lange Zeit im Wesentlichen hinsichtlich zweier, quantifizierbarer Dimensionen, nämlich Mengenkontingenten und Zollsätzen, erfolgte, ist der Zugang zu Dienstleistungsmärkten zumeist komplexer geregelt, z.B. durch Zertifikate oder Vorschriften bei der Servicequalität, und betrifft zudem die Länder- und Bundesebene in föderalen Staaten (Krancke 1998: 408-410).

Die in den GATS-Verhandlungen anvisierten Liberalisierungsschritte betreffen im Unterschied zum Warenhandel nicht nur die Marktzutrittsmöglichkeiten für ausländische Anbieter, sondern auch die von potenziellen inländischen Anbietern. Deshalb reicht die Durchsicht der Literatur zur Liberalisierung des Außenhandels zur Abschätzung ihrer Auswirkungen nicht aus. Vielmehr empfiehlt es sich, zudem die Literatur zu den Auswirkungen von Deregulierung und Privatisierung auszuwerten. Im Folgenden sollen deshalb zum einen die theoretischen Fundamente und die interessengeleitete Entstehung der handelspolitischen Debatte über den internationalen Dienstleistungsverkehr kurz vorgestellt werden. Dann wollen wir die in diesem Kontext entstandenen Studien einer ersten, vorläufigen Kritik unterziehen.

Zum anderen soll in gleicher Weise die Deregulierungs- und Privatisierungsdebatte dargestellt werden. Unser Ziel ist dabei nicht die eindeutige Feststellung der wirtschaftlichen Auswirkungen der GATS-Verhandlungen, sondern eine erste Problematisierung des Feldes für spätere, sektorspezifische Untersuchungen.

»Strategische Handelstheorie« als Herausforderung für den Freihandelskonsens

Bei keinem wirtschaftspolitischen Thema herrscht bis heute mehr Einigkeit unter den ÖkonomInnen als bei der Handelspolitik. In der Nachkriegszeit vertraten die beiden großen Lager der Zunft, die Keynesianer und die Monetaristen, die Ansicht, dass Zölle und Einfuhrquoten die ökonomische Wohlfahrt eines Landes beeinträchtigen. Auf die Aussage »Zölle und Einfuhrbeschränkungen mindern die allgemeine wirtschaftliche Wohlfahrt« antworteten in einer Umfrage unter FachökonomInnen 81% mit »Ja«, 16% mit »Ja aber«, und nur 3% mit »Nein« (Pommerehne et al. 1984).

In den 1980er Jahren lösten wachsende US-Handelsbilanzdefizite und der Vormarsch japanischer Chiphersteller eine Kontroverse unter den AußenwirtschaftstheoretikerInnen aus. Die traditionelle Außenwirtschaftstheorie erklärte zwischenstaatlichen Handel als Folge unterschiedlicher Faktorausstattung (Arbeit, Kapital, Boden): Länder, die wie die USA über einen »reichlichen« Kapitalstock (Maschinen etc.) und über hoch qualifizierte Arbeitskräfte verfügen, exportieren kapital- und technologie-intensive Güter wie PCs in Länder, die umgekehrt mit diesen Faktoren »knapp« ausgestattet sind. Dank »reichlich« vorhandener gering qualifizierter Arbeitskräfte verfügen letztere Länder wiederum über einen komparativen, das heißt vergleichsweisen Vorteil in arbeitsintensiven Branchen wie der Bekleidungsindustrie. Ein großer Teil des US-Außenhandels wurde aber mit Volkswirtschaften wie Japan bestritten, zu denen keine nennenswerten Differenzen in der Faktorausstattung oder hinsichtlich der Produktionstechnologien bestanden. Zudem war von den AnhängerInnen der traditionellen Theorie implizit angenommen worden, dass die USA über die für Hochtechnologie-Industrien günstigste Faktorausstattung verfügten (Vernon 1966). Die nicht zu übersehenden technologischen Stärken japanischer Konzerne schienen aber nahezulegen, dass komparative Vorteile auch »künstlich« durch industriepolitische Weichenstellungen geschaffen werden können. Auf diese nicht nur intellektuelle Herausforderung antworteten einige jüngere Außenwirtschaftstheoretikerlnnen wie Paul Krugman mit der Berücksichtigung von unvollkommenen Märkten (Märkte mit Macht- und Informationsungleichgewichten), heterogenen Produkten (d.h. die gleichen Produkte, z.B. Autos, unterscheiden sich in vielfältiger Weise), steigenden Skalenerträgen (s. unten), Lernkurven (d.h. aufgrund gewonnener Erfahrung können Produktionsabläufe optimiert und somit Kosten gespart werden) und externen Effekten (z.B. befruchtet das Ingenieurswissen einer Branche das Wissen in einer anderen Branche) in ihren Modellen (Krugman 1986).

Für den internationalen Handel ist mindestens seit Adam Smith bekannt, dass dieser zu steigenden Skalenerträgen, das heißt sinkenden Produktionskosten pro Stück bei steigendem Produktionsvolumen, führen kann. Besonders ausgeprägt sind die Skalenerträge bei der Entwicklung von Software: Die Entwicklungskosten eines neuen Programms sind sehr hoch, doch beim Verkauf des Programms an einzelne Kunden entstehen bei jedem weiteren Kunden eigentlich nur Kosten für die CD-ROM, auf der das Programm gespeichert ist, und für den Versand. Mit anderen Worten, um die ursprünglichen Entwicklungskosten wieder »reinholen« zu können, müssen möglichst viele Einheiten des Programms verkauft werden.

Die traditionelle Außenwirtschaftstheorie ging demgegenüber aber von abnehmenden Skalenerträgen aus. Die volle Anerkennung des Phänomens steigender Skalenerträge hätte nämlich bedeutet, sich zugleich dem Problem der vollständigen Spezialisierung, multipler Gleichgewichte und der unvollkommenen Konkurrenz zu stellen (Gomes 1990). Insbesondere die Berücksichtigung steigender Skalenerträge (vor allem auf Grund hoher Entwicklungskosten) führt zu dem Ergebnis, dass Handelsbarrieren für das eigene Land u.U. wohlfahrtssteigernd wirken können. Das heimische Unternehmen kann nämlich rascher in den Genuss der Skalenerträge kommen, wenn die ausländische Konkurrenz in der Einführungsphase vom Markt ferngehalten wird. Ohne ausländische Konkurrenz können beispielsweise mehr

Softwarepakete verkauft werden, die zur Finanzierung der ursprünglichen Entwicklungskosten beitragen. Sind diese Kosten erst einmal finanziert, kann das Unternehmen sehr preisgünstig international seine Software anbieten. Es besitzt dann gegenüber der ausländischen Konkurrenz im Kampf um Weltmarktanteile einen Startvorteil. Mithin kann ein Land handelspolitisch strategisch zu Gunsten seiner Produzenten vorgehen. Aus diesem Grunde wird die neue Außenhandelstheorie auch »strategische Handelstheorie« genannt. Eine solche Strategie funktioniert allerdings nur in Ländern mit einem großen Binnenmarkt. Im kleinen Liechtenstein fehlen die Kunden für Skalenerträge.

»Strategische Handelstheorie« im Dienste des Freihandels

Die ersten Ergebnisse dieser neuen Theorie lösten innerhalb der handelstheoretischen Gemeinde die Furcht aus, diese könnten zu falschen, nämlich handelsprotektionistischen Schlussfolgerungen führen. Führende Außenwirtschaftstheoretiker relativierten deshalb die Aussagekraft der Modelle. Zum einen seien deren Ergebnisse sehr abhängig von den Modell-Parametern. Bereits geringfügige Änderungen der Annahmen (z.B. hinsichtlich des Ausmaßes der Skalenerträge) beeinflussten die Ergebnisse entscheidend (Bhagwati 1987: 127f.). Zum anderen berücksichtigten diese Modelle nicht die potenziellen Reaktionen der Partnerländer. Strategische Maßnahmen zur Verbesserung der eigenen Konkurrenzsituation könnten zu Gegenmaßnahmen (Retorsionen) führen: »Strategische Handelspolitik ist also immer nur solange möglich, wie die Handelspartner nicht reagieren« (Borchert 1994: 220).

Diese Distanzierungen bedeuteten freilich nicht das Ende der strategischen Handelstheorie. In Diskussionen unter den weltmarkt-internationalistischen Forschungsinstituten (z.B. im Brookings Institute in Washington) zeigte es sich nämlich, dass die »neue Außenhandelstheorie« in doppelter Weise zur Begründung weiterer Liberalisierungsschritte herangezogen werden konnte. Erstens wurden die handelsstrategischen Konzepte dazu genutzt, das Interesse an einer Abschottung des eigenen Marktes in Richtung der Öffnung fremder Märkte umzulenken. Mit der Androhung, den eigenen Markt selektiv zu schließen, sollten die Handelspartner, insbesondere Japan, zur Öffnung der eigenen Märkte gezwungen werden (die so genannte Super-301-Strategie der USA, s. Göll 1994).

Zweitens konnte die »neue Außenwirtschaftstheorie« zur Begründung weiterer, eigener Liberalisierungsschritte herangezogen werden. Gerade die Maximierung von Skalenerträgen sei nur bei einer weiteren Spezialisierung im Rahmen des intra-industriellen Handels möglich. Diese erfordere aber den Abbau nicht-tarifärer Handelshemmnisse wie beispielsweise unterschiedlicher Sicherheitsstandards. Dieses Argument wurde besonders wirkungsvoll zur Begründung von Deregulierungsmaßnahmen im Rahmen von Freihandelszonen eingesetzt, beispielsweise im Cecchini-Bericht für Europa 1992, für die nordamerikanische Freihandelszone (NAFTA) und für GATS.

Entdeckung transnationaler Dienstleistungen

Die Entdeckung der Dienstleistungen als Gegenstand internationaler Handelsliberalisierungen steht in einem engen Zusammenhang mit den durch die Außenhandelsbilanzdefizite der USA ausgelösten Debatten. Vorreiter waren die Versicherungsgesellschaft American International Group (AIG) und der Pionier internationaler Zahlungsmittel, die Firma American Express. Beide Konzerne machten ExpertInnen internationaler Wirtschaftsbeziehungen zu Vizepräsidenten, die mit Buchveröffentlichungen und Konferenzen der Idee zum Durchbruch verhalfen, dass Dienstleistungen transnational erbracht werden können, nationale Regulierungen der jeweiligen Branchen dies behindern und folglich der Abbau dieser Barrieren im Rahmen des GATT multilateral ausgehandelt werden müsse. Gegenüber US-amerikanischen Zuhörern betonten sie zudem die starke Wettbewerbsstellung heimischer Anbieter. In der Reagan-Regierung fanden deren Argumente begeisterte Aufnahme, da sie die Möglichkeit eröffneten, den handelspolitischen Druck in freihändlerische Bahnen zu lenken (McDowell 1994). Die Aufnahme der Dienstleistungen in das Vertragswerk der WTO in Form des Allgemeinen Abkommens über den Dienstleistungsverkehr (GATS) bildete den vorläufigen Höhepunkt dieser Kampagne.

Die strategische Handelstheorie diente zur Begründung der Liberalisierung der grenzüberschreitenden Dienstleitungserbringung. Die Skalenerträge nehmen für Dienstleistungsunternehmen aufgrund steigender Kapitalintensität in vielen Bereichen zu. Beispielsweise setzt das Bank- und Versicherungsgeschäft heutzutage den Einsatz komplexer Informationssysteme voraus. Verbundvorteile (»economies of scope«) entstehen beispielsweise innerhalb von transnationalen Informations-, Daten- und Marketingverbünden. Besondere Vorteile ergeben sich auch für diejenigen, denen es gelingt, sich als Erste auf einem neuen Markt zu etablieren, um dort die nötige Erfahrung und Unternehmensgröße zu entwickeln (der so genannte *first mover advantage;* Barth 1998: 32-33).

Freilich wird eingeräumt, dass Handelsliberalisierungen nicht in jedem Falle zu einer effizienteren Nutzung von Ressourcen führen. Bei der Liberalisierung auf internationaler Ebene handelbarer Dienstleistungen können Wohlfahrtverluste entstehen, wenn gleichzeitig von Faktor(insbesondere Arbeitskräfteangebot)- und Nachfragebewegungen abhängige Dienstleistungen weiter beschränkt bleiben. Diese könnten beispielsweise eintreten, wenn Hochschuldienstleistungen liberalisiert werden, aber bei der Besoldung noch Beamtenrecht eingehalten werden muss. Dann könnten die heimischen Hochschulen nicht mit den ausländischen Anbietern konkurrieren und die bisherigen Investitionen in die Hochschulen blieben zumindest teilweise ohne Ertrag. Diese Einschränkung hat allerdings für die Befürworter weiterer Liberalisierungen den Vorteil, dass sie insgesamt die genannten wohlfahrtstheoretischen Überlegungen vor Kritik schützt. Solange nicht alle Sektoren liberalisiert sind, kann das Ausbleiben von Wohlfahrtsgewinnen mit dem Hinweis auf die noch bestehenden Beschränkungen begründet werden: »Je mehr Arten des Austausches liberalisiert werden, desto größer ist die Wahrscheinlichkeit von Wohlfahrtsgewinnen« (Fetzer 1992: 94).

Die Bezugnahme auf die strategische Handelstheorie eröffnet zugleich die Möglichkeit für ein paradigma-immanentes in Frage stellen der genannten Liberalisierungsvorteile. Wie bereits erwähnt, fallen die modelltheoretischen Ergebnisse bei Berücksichtigung von Spezialisierungseffekten und Skalenerträgen nicht mehr eindeutig aus. Beispielsweise kann gezeigt werden, dass im Falle der Monopolstellung eines ausländischen Anbieters das Importland durch die Entwicklung eigener Produzenten unter Ausschluss des Monopolisten seine Wohlfahrt verbessern kann, und zwar auch dann, wenn die inländischen Anbieter weniger effizient als der ausländische Monopolist produzieren (Hindley/Smith 1984: 375-376). Ein solcher Fall dürfte insbesondere auf Dienstleistungen zutreffen, die urheberrechtlich geschützt werden können.

Eine weitere Einsicht der neuen Handelstheorie ist, dass sinkende Transport- bzw. Übermittlungskosten Prozesse der Zusammenballung verstärken. Einzelne Industriezentren, die bereits von den Vorteilen räumlicher Nähe von Zulieferern, qualifizierten Arbeitskräften und anspruchsvollen Kunden profitieren, können bei sinkenden Transportkosten ihren Absatzbereich auf Kosten der Konkurrenz vergrößern. Zugleich führt dieser Erfolg dazu, dass sich das so genannte Cluster verdichtet, d.h. dass sich eine zunehmende Anzahl von Produktions- und Dienstleistungsprozessen entlang der Wertschöpfungsachse im erfolgreichen Industriezentrum ansiedeln (Fujita et al. 2000: 251). Da mit der Zusammenballung die Löhne steigen werden, kann allerdings ein Gegentrend in Gang kommen, nämlich ein Trend der Auslagerung von Produktion aus den Clustern in bisher wenig entwickelte Niedriglohngebiete. In der Nachkriegszeit nahm beispielsweise in den USA die regionale Spezialisierung entsprechend ab: die jeweiligen Industrien verteilten sich übers Land. Doch erst wenn ein kritisches Maß an Lohngefälle entstanden sei (bzw. aufgrund eines äußeren Ereignisses), käme der Gegentrend in Gang. Dieser wäre dann aber nicht mehr umkehrbar: Die ausgelagerten Industrien kommen nicht wieder zurück (ebd. 304). Bei der Auswirkungsanalyse von Dienstleistungsliberalisierungen wäre somit zu untersuchen, welche Standorte mittelfristig die besten Aussichten haben, zum dominanten Cluster im jeweiligen Dienstleistungssegment aufzusteigen, wobei die komplexe Dynamik von Zusammenballung und Auslagerung zu berücksichtigen ist.

Empirische Untersuchungen der Liberalisierungsauswirkungen

In den Broschüren internationaler Organisationen zu den GATS-Verhandlungen, aber auch in wissenschaftlichen Studien werden die Vorteile einer weiteren Liberalisierung des Dienstleistungsverkehrs sehr wolkig beschrieben. So wirbt die Europäische Union in einer umfangreichen Broschüre für GATS mit folgenden Worten: »[GATS] würde das inflationsfreie Wachstum im eigenen Land stützen und die Lösung der Probleme im Zusammenhang mit den für den Übergang zur Informationsgesellschaft und zu einer in stärkerem Maße wissensintensiven Wirtschaft notwendigen Strukturanpassungen erleichtern« (Europäische Kommission 1998: 12).

Die von der Friedrich Ebert Stiftung in Auftrag gegebene umfangreiche Studie von Dietrich Barth zu den Perspektiven des internationalen Dienstleistungshandels widmet den Vorteilen einer Handelsliberalisierung nur einen Paragrafen, wohl weil der »Nettowohlstandseffekt der Handelsliberalisierung in der Regel positiv ist. Diese Erfahrungen sind seit langem ausführlich dokumentiert« (Barth 1998: 53). Große Wachstums- und Beschäftigungspotenziale der Dienstleistungsliberalisierung für die Produktion und im Welthandel sieht Barth durch eine Studie von Brown u.a. bestätigt, die die Wachstumseffekte einer hypothetischen 25%igen Liberalisierung des Dienstleistungshandels auf die Ein- und Ausfuhr von fünf zentralen Dienstleistungssektoren für Europa abzuschätzen versuchte. Laut dieser Studie wächst allerdings nur das Transportwesen (ca. 38%) überproportional, der Handel mit Finanzdienstleistungen und persönlichen Dienstleistungen wird von einer solchen Liberalisierung nicht signifikant tangiert (ca. 0,2%; Barth 1998: 123).

Diese prognostizierten geringen Auswirkungen für die Masse der Dienstleistungen relativieren die versprochenen Vorteile und stehen damit interessanterweise im Einklang mit einer vom Sekretariat der Welthandelsorganisation in Auftrag gegebenen Literaturstudie zu den wirtschaftlichen Auswirkungen der Liberalisierungen im Dienstleistungsverkehr (WTO 1998). Diese ergab zum einen ein sehr gemischtes Bild der Auswirkungen und zum anderen, dass die Forschung zu den Auswirkungen noch in den Anfängen steckt. Die übergroße Mehrheit der gesichteten Studien betrafen Liberalisierungen im Finanzsektor, mit großem Abstand folgten Untersuchungen hinsichtlich des Luftverkehrs und des Telekommunikationswesens. Obgleich diese drei Bereiche zum Infrastrukturrückgrat moderner Ökonomien gehören und somit von großer Bedeutung für das Wachstum und die Leistungsfähigkeit eines breiten Spektrums von Abnehmerindustrien sind, zeigt es sich laut der Welthandelsorganisation, dass deren Auswirkungen auf die Gesamtwirtschaft empirisch »sehr schwer zu fassen« sind (WTO 1998: 5).

Entsprechend konzentrieren sich die meisten Studien auf die Folgen der Handelsliberalisierung beziehungsweise Deregulierung in den Sektoren selbst. Im Finanzsektor führte eine Liberalisierung in vielen Ländern zu einem dauerhaften Rückgang der Gewinne im Bankengewerbe. Häufig reagierten die betroffenen Finanzinstitute mit risikoreichen Anlage- und Kreditvergabestrategien, die dort, wo die Bankenaufsicht unzureichend war, zu ernsthaften Finanzkrisen führten. Die Krise der US-amerikanischen Sparkassen (savings & loan) belegt, dass auch in entwickelten Ökonomien die Bankenaufsicht im Deregulierungsprozess unzureichend ausfallen kann (Woerz 1994; gleiches gilt für Norwegen, siehe Llewellyn 1992). Das erhöhte Risiko führte im Gegensatz zu den ursprünglichen Erwartungen ferner zu einer Erhöhung der Zinsspanne und somit der Kosten der Finanzvermittlung (WTO 1998: 6). Eine vorzeitige Liberalisierung des Kapitalverkehrs, wie sie durch die von Thailand 1997 ausgehende Asienkrise anschaulich belegt wurde (Dieter 1998), kann ferner die Wechselkursausschläge auf den Devisenmärkten verstärken und Kapitalflucht auslösen (WTO 1998: 7). Malaysia mit den vergleichsweise höchsten Handelsbeschränkungen für Finanzdienstleistungen (Kalirajan et al. 1999) überstand entsprechend die Asienkrise relativ gut (Dieter 1999).

Für die Telekommunikationsindustrie stellte die WTO-Literaturstudie einen allgemeinen Konsens hinsichtlich der außerordentlichen Preissenkungen und Ausfächerungen der angebotenen Dienste fest, doch könnten die Auswirkungen technologischer Innovationen nicht klar von den Auswirkungen der Deregulierung und der Marktöffnung für ausländische Anbieter abgegrenzt werden (WTO 1998: 7).

Die Auswirkungen auf die *Beschäftigten* werden selbst von den Befürwortern einer weiteren Liberalisierung des Dienstleistungsverkehrs weniger positiv eingeschätzt. Bezeichnenderweise empfahl Barth zur Sicherung der Wettbewerbsfähigkeit deutscher Dienstleistungen eine Flexibilisierung des Arbeitsmarktes, Entlastungen bei Lohn- und Zusatzkosten, Steuern und Abgaben. Dies begründete er mit dem Hinweis, dass im Jahr 2000 weltweit wesentlich mehr Erwerbstätige mit niedrigem und mittlerem Einkommen aufgrund der Marktöffnungen Chinas, Indiens und der Länder der ehemaligen Sowjetunion in die Weltwirtschaft integriert sein werden als noch ein Jahrzehnt zuvor (Barth 1998: 126). Noch schärfer formuliert der bekannte Außenhandelsexperte Gary Hufbauer die Auswirkungen weiterer Liberalisierung. Er prophezeit: »Ein Arbeiter wird das verdienen, was er erwirtschaftet – bewertet nach einem einzigen Weltmarktpreis« (Hufbauer/Warren 1999: 16, Übersetzung ChS). Im Klartext bedeutet dies, dass sich der Lohn für geringqualifizierte Arbeitskräfte in derzeitigen Hochlohnländern dem Lohn der weltweit großen Masse der Geringqualifizierten angleichen wird.

Ökonomietheoretische Fundamente der Regulierungsdebatte

Da die in den GATS-Verhandlungen vorgesehenen Liberalisierungsschritte nicht nur die Marktzutrittsmöglichkeiten für ausländische Anbieter, sondern auch von potenziellen inländischen Anbietern betreffen, bedarf es zur Abschätzung ihrer Auswirkungen zudem der Auswertung der Deregulierungsliteratur. Auch hier wird deutlich, dass die unter Ökonomen und politischen Entscheidungsträgern weit verbreitete Vorstellung der wohlfahrtssteigernden Auswirkungen von Deregulierungs- und Privatisierungsmaßnahmen weder theoretisch noch empirisch auf sicherem Grund steht.

Unter ökonomischer Regulierung wird im weiteren Sinne jede Einschränkung der Gewerbe- und Vertragsfreiheit durch solche staatlichen Eingriffe verstanden, die nicht gleichermaßen für alle Marktteilnehmer gelten (Müller/Vogelsang 1979: 19, Phillips 1975: 2). Mit dieser Definition soll eine Unterscheidung getroffen werden zwischen staatlichen Maßnahmen, die den Wettbewerb auf der Grundlage von Privateigentum an Produktionsmitteln ermöglichen (z.B. Rechtssicherheit), und jenen, die den Wettbewerb einschränken (Kahn 1970: 2). Als unvereinbar mit dem Prinzip der Konkurrenz gelten diejenigen staatlichen Interventionen, die den Markt als Verteilungsmechanismus ersetzen oder stark eingrenzen. Dazu gehört vor allem die staatliche Einflussnahme auf strategische Größen unternehmerischen Handelns: Preis, Dienstgüte und Markteintritt (Herman 1981: 173).

Befürworter von Handelsliberalisierung, Deregulierung und Privatisierung preisen den Markt als den effizientesten Verteilungsmechanismus. Staatliche Eingriffe werden als starres Korsett empfunden (so genannte Rigiditäten), die dem weiteren wirtschaftlichen Wachstum im Wege stehen (Boss et al. 1996). In der Darstellung staatlicher Regulierungspraxis als Resultat engstirniger, eigennütziger Interessensgruppenpolitik (grundlegend: Peltzman 1976) wird der Eindruck vermittelt, als ob es keine wirtschaftstheoretischen Begründungen für das Eingreifen des Staates in den Markt gäbe. Indes wurde die Theorie des Marktversagens im Rahmen der neoklassischen Wohlfahrtsökonomie entwickelt.

Traditionelle Begründungen für Regulierung

Die traditionelle Literatur zur staatlichen Regulierung zusammenfassend, nennen Müller/Vogelsang (1979: 36-44) vier Fälle von möglichem Marktversagen, die zur Rechtfertigung von politischen Eingriffen dienen könnten: Natürliches Monopol, ruinöser Wettbewerb, externe Effekte und öffentliche Güter. Ein fünfter Fall findet in der jüngeren Literatur häufiger Erwähnung: Informationsmängel (Fritsch et al. 1999, Kap. 10).

Im Falle des *natürlichen Monopols* sind die Skalenerträge so groß, dass auf dem Markt nur ein Unternehmen überleben würde. Die Bedingungen für ein natürliches Monopol wurden insbesondere in der Versorgungswirtschaft (Gas, Wasser, Elektrizität etc.), bei der Bahn und im Telefonwesen als erfüllt betrachtet. Das natürliche Monopol kann in zweifacher Hinsicht zu einem nicht-optimalen Einsatz (Allokation) der Ressourcen führen. Einmal kann der Monopolist durch Verknappungsstrategien einen höheren Preis erzielen, als er sich unter Wettbewerbsbedingungen herausbilden würde. Zum anderen kann durch Preisdifferenzierung der Monopolgewinn noch zusätzlich gesteigert werden (Müller/Vogelsang 1979: 122).

Mehrere Faktoren können *ruinösen Wettbewerb* auslösen. Zum einen kann es zu der anomalen Reaktion einer Angebotsausweitung bei sinkendem Preis kommen, wenn verlorene Kosten (sunk capital) einen Rückzug vom Markt (Marktaustritt) erschweren. Aufgrund hoher zuvor geleisteter Investitionen, die bei Geschäftsaufgabe vollständig verloren gingen, versuchen

Unternehmer (und insbesondere Landwirte) stattdessen ein sinkendes Einkommen durch Ausweitung der Produktion bzw. durch Mehrarbeit zu halten (Külp et al. 1984: 31f.). Dieses Phänomen tritt besonders in Branchen auf, die relativ hohe Fixkosten aufgrund hoher Investitionen (sowie Ausrüstungen, die nur schwer für andere Produktionszwecke umgerüstet werden können) und kurzfristig geringe Arbeits- und Verbrauchsmaterialkosten haben: zum Beispiel in der Stahlindustrie oder bei den Telefonnetzbetreibern. Da Nachfragerückgänge ihre Stückkosten erhöhen, werden die Unternehmen versucht sein, durch Preiszugeständnisse eine bessere Kapazitätsauslastung zu erreichen. Erweist sich die Nachfrage als unelastisch und imitieren die Konkurrenten die Preissenkung, dann besteht die Gefahr von exzessiven Preiskämpfen, bei denen die Preise weit unter die Durchschnittskosten fallen können. Zum anderen kann der Umstand, dass Produktionskapazitäten nicht stufenlos erhöht werden können, bewirken, dass auf Preissignale erst nach Ablauf einer bestimmten Frist reagiert wird. In diesem Fall kann es passieren, dass eine Kapazitätsaufstockung erst dann wirksam abgeschlossen ist, wenn die Nachfrage wieder gesunken ist oder diese das gestiegene Angebot nicht voll aufnehmen kann. Wenn dann das Angebot auch nach unten kurzfristig starr ist, wird es zu größeren Preissenkungen kommen als langfristig erforderlich (Külp et al. 1984: 32).

Externe Effekte treten dann auf, wenn nicht alle in der Volkswirtschaft entstehenden Kosten und Erträge einer Entscheidung im Kalkül der Entscheidenden (Anbieter oder Nachfrager) berücksichtigt werden (Külp et al. 1984: 36). In dieser allgemeinen Form, darauf hatte bereits Kapp hingewiesen, ist Marktversagen weniger eine Ausnahme als die Regel (Kapp 1950: 9). Bezeichnenderweise werden deshalb externe Effekte in Lehrbüchern heute nicht mehr unter Marktversagen subsumiert, sondern als Marktmängel oder Marktunvollkommenheiten bezeichnet (Külp et al. 1984: 36). Besondere Relevanz erhielt die Diskussion der externen Effekte anlässlich der Umweltschutzproblematik.

Ein *öffentliches Gut* ist dadurch charakterisiert, dass von seinem Konsum niemand ausgeschlossen werden kann und beim Konsum der Gebrauch des gleichen Gutes durch andere nicht beeinträchtigt wird. Als Beispiele werden zumeist die Landesverteidigung und die Straßenlaterne genannt (Musgrave 1969: 7-10). In den Finanzwissenschaften wurde zusätzlich noch der Begriff des meritorischen (»wünschenswerten«) Gutes eingeführt, und zwar für solche Güter, bei denen zwar kein »Nicht-Ausschluss« vorliegt, ihre Bereitstellung durch den Markt aber als ungenügend angesehen wird. Solche Güter sind z.B. lehrmittelfreie Universitäten oder öffentlicher Wohnungsbau. Ein solcher Eingriff in die souveränen Entscheidungen der Konsumenten wird damit begründet, dass die Verbraucher aufgrund mangelnder Informiertheit über falsche Präferenzen (Vorlieben) verfügen (Musgrave 1969: 14-17). Nutzenunkenntnis tritt insbesondere bei Gütern mit immateriellen bzw. langfristigen Eigenschaften auf: Gesundheitsvorsorge, Alterssicherung und Bildung (Fritsch et al. 1999: 284-286). Beispielsweise erschließt sich der Wert des Zähneputzens einem Jungen nicht sofort.

Argumente pro Deregulierung

Die theoretische Diskussion zur Deregulierung lässt sich grob in drei Felder einteilen. Zum einen stand im Mittelpunkt die Frage nach dem »Staatsversagen«, den Ineffizienzen staatlicher Regulierung. Weniger öffentlichkeitswirksam wurde zweitens untersucht, inwieweit für einzelne Branchen eine Regulierung noch durch Marktversagen gerechtfertigt werden kann. Drittens wurde versucht, neue theoretische Wege in der Bestimmung des Ausmaßes staatlicher Intervention zu beschreiten. Letztere Bemühungen sind wohl der Einsicht zu verdanken, dass, im Gegensatz zu den ursprünglichen Intentionen, auch auf der Grundlage der neoklassischen Theorie (und deren besonderem Zweig, die missverständlich bezeichnete Wohlfahrtsökonomie) Marktversagen die Regel und nicht die Ausnahme darstellt.

Zu den häufigsten und wohl mit größter Vehemenz vorgetragenen Argumenten gegen staatliche Regulierung gehört die angebliche Ineffizienz politischer Maßnahmen im Allgemeinen und der staatlichen Bürokratie im Besonderen (Boycko et al. 1996; Wolf 1979). *Die Theorie des Staatsversagens* stellt keine radikale Absage an die Überlegungen zum Marktversagen der traditionellen Wohlfahrtsökonomie dar. Sie bestreitet lediglich, dass eine Rechtfertigung für staatliche Intervention schon dann besteht, wenn Marktbedingungen oder Marktergebnisse kein Wohlfahrtsoptimum realisieren. Da nämlich auch die alternativen politischen Lösungen in der Realität mit mehr oder weniger großen Mängeln behaftet seien, bedürfe der jeweilige staatliche Eingriff des Nachweises seiner höheren Effizienz gegenüber den bestehenden Marktformen (vgl. Posner 1969).

Eine weitere Variante der Kritik an staatlicher Regulierung versucht im Einzelfall nachzuweisen, dass ein Marktversagen nicht vorliegt. So wird zum einen untersucht, ob überhaupt jemals die Bedingungen dafür bestanden. In vielen Fällen, so glaubt man, sei das Konzept des Marktversagens in unzulässiger Weise zu weit ausgelegt worden. Als Maßstab dient diesen Untersuchungen weniger ein Marktideal, als vielmehr die Funktionsweise tatsächlich vorfindbarer Märkte. Zum anderen wird versucht aufzuzeigen, dass technischer Wandel (z.B. die Mobilfunktechnik) oder andere wettbewerbliche Veränderungen (insbesondere die internationale Konkurrenz) die Bedingungen des Marktversagens verändert oder gar beseitigt haben (Soltwedel et al. 1986: 153).

Analog zur Diskussion um das natürliche Monopol werden die konstituierenden Bedingungen für den ruinösen Wettbewerb in einer Reihe von Branchen entweder als nicht mehr gegeben oder als eigentlich noch nie vorhanden angesehen. Der Ausbruch eines ruinösen Preiskampfes wird unter Hinweis auf den Reifegrad der Branche und die veränderten makroökonomischen Bedingungen für unwahrscheinlich gehalten. Dem Problem des hohen Spezialisierungsgrads technischer Anlagen (Problem der verlorenen Kosten, siehe oben) wird mit dem Argument begegnet: »Sind die Produktionsfaktoren aber so hoch spezialisiert auf einen Markt ausgerichtet, dass ein Transfer unmöglich ist, so entstehen letztendlich auch keine gesamtwirtschaftlichen Opportunitätskosten durch Unterauslastung« (Soltwedel et al. 1986: 11; d.h. es besteht keine Gelegenheit [Opportunität] die jeweilige Anlage für andere Zwecke zu nutzen).

Vor Missbrauch des Konzeptes »externe Effekte« wird in der regulierungskritischen Literatur gewarnt. Da fast jede marktwirtschaftliche Aktivität Externalitäten erzeuge, könnte unter Hinweis auf diese externen Effekte jeglicher Staatseingriff in den Markt begründet werden. Aus diesem Grunde sollte das Konzept nur für solche Fälle angewendet werden, »in denen der externe Effekt groß, ziemlich konkret und einigermaßen monetär bewertet werden kann« (Breyer 1982: 26; Übersetzung ChS). Gegenüber direkten Verhaltensregulierungen seien Steuern oder andere finanzielle Belastungen zu bevorzugen.

Ebenso kritisch werden Begründungen für ein Eingreifen des Staates zu Gunsten allgemein wünschenswerter, meritorischer Bedürfnisse wie Bildung betrachtet. Meritorische Güter sollten als staatliche Subventionen offengelegt und nicht versteckt über Marktregulierung gewährt werden. Beim Eingriff in die Konsumentensouveränität aufgrund der schwierigen Informationslage für den Verbraucher (Beispiel: Versicherung oder Rezeptpflicht vieler Arzneimittel) sei das zur Verfügung Stellen geeigneter Informationen der Einschränkung des Wettbewerbs der Anbieter vorzuziehen (Fritsch et al. 1999: 348-358).

Obige Argumente haben gemeinsam, dass sie nicht die »Reine Theorie« zum Maßstab ihrer Kritik an staatlicher Regulierung machen, sondern existierende Wettbewerbsmärkte. Aber auch mit diesem Vergleichsmaßstab konnten in vielen Fällen staatliche Korrekturen des Marktprozesses gerechtfertigt werden. Zur Begründung weitergehender Deregulierungsmaßnahmen wurde deshalb auf andere Theorien rekurriert. Als Weiterentwicklungen innerhalb des traditionellen Paradigmas erwiesen sich jedoch Konzepte wie das Coase-Theorem und die Theorie der Bestreitbarkeit der Märkte gegenüber praxisbezogener Kritik als ebenso anfällig (Fritz/Scherrer 2002: 70-75). Deshalb gewann Hayeks Theorie vom »Markt als Entdeckungsverfahren« (Hayek 2002) wieder an Popularität. Ihr Verzicht auf die in der Neoklassik vorgenommene statische Gleichgewichtsanalyse von Marktprozessen und den exakten modelltheoretischen Beweis schützt sie gegen eine Kritik der modelltheoretischen Annahmen. Damit setzt sie sich aber dem Vorwurf aus, eine Behauptungswissenschaft zu sein, die tautologisch argumentiert: Der Markt ist effizient, weil er letztlich immer effiziente Ergebnisse geliefert hat (Fritz/Scherrer 2002: 76-78).

In der Regulierungs-Literatur wird heute vielfach ein pragmatischer Umgang mit Marktversagen gepflegt, der einerseits dessen Existenz anerkennt und andererseits eklatanten Fällen des Versagens mit möglichst marktkonformen Instrumenten zu begegnen sucht (Viscusi et al. 2000; Fritsch et al. 1999). Die Eignung eines bestimmten Instrumentes zur Eindämmung von Marktversagen wird im Wesentlichen in Abhängigkeit von den Besonderheiten des jeweiligen Einzelfalls gesehen. Fritsch et al. vermuten, »dass sich die besten Ergebnisse durch einen ›intelligenten‹ Mix der verschiedenen Instrumente erreichen lassen.« (1999: 152) Aus dieser pragmatischen Herangehensweise folgt jedoch im Umkehrschluss, dass die Überlegenheit der Marktsteuerung nicht per se angenommen werden kann, sondern sich im Einzelfall erweisen muss.

Deregulierungserfahrungen

Seit in den späten 1970er Jahren die ersten umfassenden Deregulierungsmaßnahmen in den USA vollzogen wurden, konnten umfangreiche Erfahrungen hinsichtlich deren Auswirkungen gesammelt werden. Eine zentrale Erfahrung ist, dass sich der Wettbewerb nicht natürlich herstellt, sondern dass es ausgefeilter Regeln bedarf, damit ein Mindestmaß davon in Netzwerkindustrien (Internet, Telefon, Gas etc.) gewahrt bleibt. Ohne staatliche Bevorzugung können sich neue Anbieter nicht gegenüber den alten Monopolunternehmen behaupten. Die Markteintrittsbarrieren müssen durch staatliche Eingriffe gesenkt werden. In den ehemals regulierten Sektoren, in denen eine größere Zahl an Anbietern vorhanden war, bildeten sich nach kurzen Phasen verstärkten Wettbewerbs wieder Marktführer mit der entsprechenden Marktmacht heraus. So weit es diesen Unternehmen allerdings noch nicht gelang, international ihre Marktsegmente zu dominieren, blieb der Wettbewerb aufgrund des Auftretens der ausländischen Konkurrenz erhalten. Es stellt sich jedoch die Frage, inwieweit dieser Wettbewerb letztlich zu einer Konzentration auf globaler Ebene und damit zu seiner Abschaffung führt.

Entsprechend bedeutete die Deregulierung wirtschaftlicher Aktivitäten in der Regel nicht die gänzliche Aufgabe staatlicher Aufsicht. Häufig fand lediglich eine Verschiebung der Arenen der Regulierung statt; beispielsweise in der Telekommunikationsindustrie vom Ministerium, das die Aufsicht über den staatsmonopolistischen Betrieb führte, hin zu einer Regulierungsbehörde, die mit einem komplexen Regelsystem und laufenden ad hoc-Entscheidungen die Grenzen zwischen den etablierten und den neuen Anbietern zieht (Vogel 1996, siehe für Telekommunikationsdienste in den USA Crandall/Hausman 2000).

Mit Verweis auf den hohen Börsenwert neuer Anbieter für Telekommunikationsdienste glaubten Robert Crandall und Jerry Hausman im Jahre 2000, dass auf staatliche Maßnahmen zu Gunsten von neuen Anbietern verzichtet werden könnte. Da die Börse die Zukunftsaussichten neuer Anbieter positiv bewertete und ihnen dadurch zugleich die notwendigen Ressourcen zur Verfügung stellte, könnten diese sich auch ohne staatliche Unterstützung durchsetzen (Crandall/Hausman 2000: 98). Im Laufe des Jahres 2000 schätzte allerdings die Börse deren Zukunftsaussichten eher düster ein. Es kam zu einem regelrechten Crash der Telekommunikationswerte, der die Möglichkeiten dieser Herausforderer deutlich einschränkte, zumal nicht ausgeschlossen werden kann, dass die vorangegangene positive Börsenbewertung durch die staatlichen Rahmenbedingungen begünstigt wurde.

Crandall und Hausman zeigen selbst auf, dass seit der Entflechtung des privaten Telefonmonopolisten AT&T die Gebühren für Ferngespräche zwar drastisch gefallen seien, doch ein großer Teil dieses Preisverfalls nicht der Konkurrenz, sondern geringeren Kosten geschuldet sei, und zwar vor allem aufgrund geringerer Verbindungsgebühren für die örtlichen Telefongesellschaften. Private Kunden würden für Ferngespräche immer noch mehr als das Doppelte der tatsächlichen Kosten zahlen (Crandall/Hausman 2000: 77).

Nicht nur in den USA, sondern auch in Europa führte die Deregulierung des Luftverkehrs weniger zu generellen Preissenkungen als vielmehr zu Änderungen in der Produktpalette. Gerade beim Luftverkehr besteht weiter wettbewerbspolitischer Handlungsbedarf: Zum einen begünstigen die knappen Abfertigungsplätze *(slots)* der Flughäfen Marktkonzentration. Zum anderen schränken staatliche Beihilfen, aber auch privatwirtschaftliche Aktionen wie Vielflieger-Programme den Wettbewerb ein (Schultz/Weise, 2000: 40f.; Card 1996; Woerz 1996).

Zumeist werden die Auswirkungen von Liberalisierungen auf die *Beschäftigten* nicht explizit untersucht. Allerdings finden sich in vielen Texten zur Begründung von Deregulierungsmaßnahmen Hinweise auf die so genannten Renten (d.h. Löhne über dem Marktniveau), die die Beschäftigten in diesen regulierten Industrien besaßen. So weist beispielsweise eine Studie der OECD zur Regulierungsreform in den USA darauf hin, dass die Löhne im Straßengüterfernverkehr vor der Deregulierung bis zu 35-40% über den von vergleichbaren Arbeitskräften lagen (OECD 1999: 20).

Diese OECD-Studie räumt bei aller Betonung der positiven Auswirkungen von Deregulierungsmaßnahmen ein, dass der Marktzutritt von nicht-gewerkschaftlich organisierten Betrieben in die traditionell gewerkschaftlich organisierten Sektoren zur Aufgabe von etlichen Schutzregeln beim Arbeitseinsatz führte, die die Flexibilität und damit auch die Arbeitsproduktivität erhöht hätte (OECD 1999: 26). Die darüber hinaus freigesetzten Arbeitskräfte seien aufgrund der Flexibilität des US-amerikanischen Arbeitsmarktes rasch absorbiert worden, wobei die Studie mit einer schönfärberischen Formulierung darauf hinweist, dass dies mit Lohnkürzungen einherging: »Rascher Beschäftigungszuwachs in einzelnen Bereichen wurde durch nach unten gerichtete Lohnflexibilität unterstützt« (OECD 1999: 32; Übersetzung ChS; zur negativen Lohnentwicklung siehe auch Card 1996). Die günstige Arbeitsmarktentwicklung in den USA in der zweiten Hälfte der 1990er Jahre wird in dieser Studie vornehmlich auf die Deregulierungsmaßnahmen zurückgeführt (OECD 1999: 33). Eine solche monokausale Erklärung wird dem Jobwunder-Phänomen keinesfalls gerecht (siehe Lang/ Mayer/Scherrer 1999) und lässt eher auf Glaubenssätze schließen.

Auf die Bedeutung staatlicher Unterstützung des Wettbewerbs verweisen auch die von Frieder Naschold gezogenen Schlussfolgerungen aus der empirischen Aufarbeitung der Erfahrungen mit der Privatisierung traditionell öffentlicher Dienstleistungen in den angelsächsischen Ländern: »1. Für die effiziente und kundenorientierte Erfüllung öffentlicher Aufgaben ist ein wettbewerbsförderndes Umfeld erforderlich. 2. Hierfür ist eine Komplementarität zwischen öffentlichem und privatem Sektor, nicht eine Monopolisierung der einen Produktionsform auf Kosten der anderen bestandsnotwendig« (Naschold 1994: 382; vgl. Kolderie 1990).

Insgesamt fällt auf, dass in der wirtschaftswissenschaftlichen Debatte die Bedeutung institutioneller Arrangements auf die

Frage ihrer betriebswirtschaftlichen Effizienz reduziert wird. Andere Funktionen staatlicher Regulierung, wie z.B. sozialer Ausgleich und die Schaffung politischer Partizipationsmöglichkeiten, werden ausgeblendet bzw. für nicht wünschenswert erachtet. Die Verhinderung politischer Partizipation und Gestaltungsmöglichkeiten ist sogar häufig ein zentrales Ziel der Deregulierungsbefürworter. Beispielsweise argumentierte jüngst Paul Joskow in Bezug auf die Versuche, in den späten 80er Jahren in Nordkalifornien Energiegewinnung umweltfreundlicher zu gestalten: »Einer der potenziellen Vorteile bei der Schaffung kompetitiver, dezentraler Energiemärkte ist, dass dadurch die politisierten Ressourcenplanungsprozesse beendet werden« (Joskow 2000: 121; Übersetzung ChS).

4. Die GATS-Verhandlungen im Bildungsbereich

Die Welthandelsorganisation (WTO) ist zwar vom Alltag in den Schulen ihrer Mitgliedsländer weit entfernt, doch beeinflusst sie bereits heute deren Rahmendaten. Seit ihrer Gründung im Jahre 1995 fallen grenzüberschreitende Dienstleistungen und damit auch Bildungsdienstleistungen in den Zuständigkeitsbereich der WTO. Bildung gehört demnach auch zum Themenkatalog der neuen Handelsrunde. Allerdings gibt es seitens der Europäischen Union (EU), die für die europäischen Mitgliedsstaaten verhandelt, nicht mehr viel, was im grenzüberschreitenden Verkehr noch liberalisiert werden könnte. Bereits zur WTO-Gründung hat sich die EU gegenüber den anderen WTO-Mitgliedsstaaten verpflichtet, in den meisten Bildungsbereichen freien Marktzugang und gleiche Behandlung in- und ausländischer Anbieter zu gewährleisten. Im Wesentlichen hat sie sich damals nur vorbehalten, Bildung bzw. Bildungsträger nach eigenem Gutdünken zu subventionieren. Die Aufgabe dieses Vorbehalts würde drastische Änderungen in der Bildungslandschaft hervorrufen.

Wichtige Bestimmungen des GATS für die Bildung

Nach dem Klassifikationsschema des GATS sind die Bildungsdienstleistungen in fünf Kategorien untergliedert:

- primäre Bildungsdienstleistungen (im vorschulischen Bereich, z.B. an Kindergärten; nicht jedoch Kinderaufbewahrung),
- sekundäre Bildungsdienstleistungen (schulische und berufsbildende Angebote unterhalb der Hochschulen),
- höhere (tertiäre) Bildungsdienstleistungen (z.B. Berufs- und Universitätsausbildung),
- Erwachsenenbildung (allgemeine Bildung und berufliche Ausbildung), soweit sie nicht vom regulären System für höhere Bildung angeboten wird,
- sowie andere Bildungsdienstleistungen (bezieht sich auch auf spezielle Bildungsangebote im primären und sekundären Bereich, soweit sie nicht dort aufgeführt sind).

Ferner lassen sich auch die Bildungsdienstleistungen nach den vier Erbringungsarten (»modes«) des GATS unterschieden:

- Mode 1 *Grenzüberschreitende Erbringung:* z.B. E-Learning übers Internet;
- Mode 2 *Nutzung im Ausland:* z.B. Studierende aus dem Ausland;
- Mode 3 *Kommerzielle Präsenz:* z.B. die Auslandsniederlassung einer Sprachschule von Berlitz;
- Mode 4 *Präsenz natürlicher Personen:* z.B. muttersprachliches Lehrpersonal an einer Sprachschule.

Diese Klassifikationen erlauben eine sehr differenzierte Liberalisierung der Dienstleistungen. So kann ein Land z.B. seine Liberalisierungsverpflichtungen im Bereich der Bildung gezielt auf die Erbringungsart 2 »Nutzung im Ausland« für Erwachsenenbildung beschränken. Obendrein könnte es noch zusätzliche Ausnahmen für sich beanspruchen, z.B. eine staatsbürgerliche Eingrenzung des Personenkreises, der in der Weiterbildung lehren darf.

Es ist dabei nicht möglich, für das deutsche Bildungswesen eine Ausnahme von den GATS-Vorschriften mit Bezug auf die Hoheitsklausel (»Dienstleistungen, die in Ausübung hoheitlicher Gewalt erbracht werden«, GATS Art. I, Abs. 3 b) zu reklamieren. Zum einen gibt es in Deutschland in allen Bildungssegmenten neben der öffentlichen Hand private Anbieter. Zum anderen ist Deutschland als Mitglied der EU in der Länderliste spezifische Verpflichtungen bei Inländerbehandlung und Meistbegünstigung im Bildungssektor eingegangen. Theoretisch müssten deshalb ausländische Anbieter grundsätzlich gleich behandelt werden (WTO 1996: 8). Wollte z.B. das Land Hessen einen neuen Studiengang Informatik einrichten, so könnten sich die bestehenden, aber auch ausländische Universitäten bzw. andere Bildungsträger um die zu diesem Zwecke zur Verfügung stehenden öffentlichen Gelder bewerben. Aus Gründen, die weiter unten (siehe »Die horizontalen Ausnahmen der EU«) ausgeführt werden, ist dieses Szenario allerdings noch Zukunftsmusik.

Verpflichtungen der EU im Bildungsbereich

Bereits mit Abschluss des GATS-Abkommens haben die Europäischen Gemeinschaften und ihre Mitgliedsstaaten mit Ausnahme der Kategorie »andere Bildungsdienstleistungen« in allen

Kategorien des Sektors Bildungsdienstleistungen Verpflichtungen zur Gleichstellung ausländischer Dienstleister übernommen. Dies betrifft primäre, sekundäre und höhere (tertiäre) Bildungsdienstleistungen sowie die Erwachsenenbildung. Sie haben diese Verpflichtungen allerdings auf »privat finanzierte Ausbildungsleistungen« beschränkt. Diese sind in der Länderliste spezifischer Verpflichtungen aufgeführt, die u.a. nach Sektor und Erbringungsart differenziert ist. Dabei gewähren die EU-Mitgliedsstaaten durchgängig Marktzugang und Inländerbehandlung für die Erbringungsart 2, den Konsum im Ausland. Bei Bildungsdienstleistungen im primären, sekundären und im tertiären Bereich gewähren sie ebenfalls Marktzugang für die Niederlassungen ausländischer Unternehmen. Der Bereich der Erwachsenenbildung, der sowohl die allgemeine Erwachsenenbildung als auch die berufliche Weiterbildung umfasst, ist am weitesten liberalisiert. Vergleichsweise geringe Liberalisierungsverpflichtungen sind insgesamt für Modus 4 (Präsenz natürlicher Personen) übernommen worden. Während einzelne Mitgliedsstaaten der EU einige Einschränkungen für spezifische Kategorien eintragen ließen, z.B. Italien hinsichtlich der Staatsangehörigkeit für die Anbieter von Dienstleistungen, hat Deutschland von diesem Recht keinen Gebrauch gemacht.

Für den befristeten Aufenthalt natürlicher Personen sind von der EU nur begrenzte Verpflichtungen beim Marktzugang übernommen worden – mit Ausnahme folgender, ausdrücklich genannter Kategorien:

- konzernintern versetztes Personal;
- Personen in höheren Positionen mit Leitungsfunktionen in einer Niederlassung;
- Personen, die über spezifisches Wissen oder Fertigkeiten für die Ausübung der Dienste einer Niederlassung verfügen;
- Repräsentanten ausländischer Unternehmen, die zur Geschäftsanbahnung einreisen;
- sowie Personen, die für den Aufbau einer Niederlassung in der EU verantwortlich sind.

Im Bildungssektor haben – sieht man von den Energiedienstleistungen ab – die wenigsten Länder GATS-Verpflichtungen übernommen. Derzeit gibt es für den Bildungsbereich 41 WTO-Mitgliedsländer mit Eintragungen in ihren Listen spezifischer Verpflichtungen. Bei den Subsektoren »Kindergarten/Grundschule« sind 32, »Schulbildung« 34, der »Berufs-/Universitätsausbildung« 32 und bei »Erwachsenenbildung« sind 31 Mitgliedsländer Verpflichtungen eingegangen. Im Segment der »anderen Bildungsbereiche« finden sich nur 12 Mitgliedsländer mit Verpflichtungen.

Die »horizontalen« Ausnahmen der EU

Neben den sektoralen Verpflichtungen gibt es in der Länderliste noch die Rubrik »horizontale Verpflichtungen«. Diese erstrecken sich auf sämtliche Sektoren der Rubrik der spezifischen Verpflichtungen. Im Bereich Bildung ist mithin nur die Kategorie »andere Bildungsdienstleistungen« nicht von den horizontalen Verpflichtungen der EU betroffen. Doch hat die EU unter »horizontale Verpflichtungen« eine für das Bildungswesen sehr bedeutsame Ausnahme eingetragen. Diese betrifft die öffentlichen Dienste.

Es wurde schon darauf hingewiesen, dass die Ausnahme eines Bildungssegments von den GATS-Vorschriften dann nicht mehr möglich ist, wenn dort private Träger neben der öffentlichen Hand tätig sind. Damit das öffentliche Bildungswesen aber dennoch geschützt bleibt, hat die EU in der Länderliste unter der Rubrik »horizontale Verpflichtungen« eintragen lassen, dass in sämtlichen EU-Mitgliedsstaaten »Dienstleistungen, die auf nationaler oder örtlicher Ebene als öffentliche Aufgaben betrachtet werden, staatlichen Monopolen oder ausschließlichen Rechten privater Betreiber unterliegen« können (Liste der spezifischen Verpflichtungen: 1679). Die EU behält sich m.a.W. das Recht vor, den Marktzugang im Bereich öffentlicher Aufgaben einzuschränken. Die EU definiert dabei öffentliche Aufgaben recht weit. Diese bestünden in Sektoren »wie z.B. verbundenen wissenschaftlichen und technischen Beratungsdienstleistungen, Forschungs- und Entwicklungsdienstleistungen in den Sozial- und Geisteswissenschaften, technische Prüf- und Analysedienstleistungen, Umweltdienstleistungen, Gesundheitsdienstleistungen, Verkehrsdienstleistungen und Hilfsdienstleistungen für alle Verkehrsarten. Ausschließliche Rechte für solche Dienstleistungen werden häufig privaten Betreibern gewährt, z.B. Betreibern mit Konzessionen öffentlicher Stellen, vorbehaltlich bestimmter

Versorgungspflichten. Unter Berücksichtigung der Tatsache, dass öffentliche Aufgaben häufig auf nachgeordneter Ebene bestehen, ist eine detaillierte und erschöpfende sektorspezifische Auflistung nicht möglich« (Liste der spezifischen Verpflichtungen: 1679, FN 1).

Lehrtätigkeiten sind nicht explizit in diese Ausnahmeliste aufgenommen worden. Diese betreffen bekanntlich alle Bildungssegmente. Doch noch gibt es Regelungen, die die Lehrtätigkeiten von einer weitergehenden Liberalisierung ausnehmen. So hat sich die EU zusätzlich das Recht vorbehalten, Zweigstellen von Unternehmen aus Nicht-EU-Staaten, die nicht nach dem Recht eines Mitgliedsstaats errichtet worden sind, vom Prinzip der Inländerbehandlung auszunehmen. Und im Falle von Subventionen steht auch Zweigstellen, die nach dem Recht eines Mitgliedsstaats errichtet worden sind, nicht das Recht auf Inländerbehandlung zu: »Der Anspruch auf Subventionen der Gemeinschaften oder der Mitgliedsstaaten kann auf im Hoheitsgebiet eines Mitgliedsstaats oder in einem besonderen geographischen Teilgebiet eines Mitgliedsstaats niedergelassene juristische Personen beschränkt werden«.

Ferner heißt es: »Soweit Subventionen natürlichen Personen zur Verfügung gestellt werden, können sie auf Staatsangehörige eines Mitgliedsstaats der Gemeinschaften beschränkt werden.« (Liste der spezifischen Verpflichtungen: 1680)

Die EU steht in der derzeitigen Verhandlungsrunde unter Rechtfertigungsdruck, falls sie diese Ausnahmen aufrechterhalten möchte. Das GATS-Übereinkommen bezeichnet im Art. XV Subventionen als potenzielle Ursachen von Verzerrungen im Dienstleistungshandel und sieht die Aufnahme von Verhandlungen über erforderliche multilaterale Disziplinen vor. Zwar haben diese noch zu keinen konkreten Ergebnissen geführt. Es ist aber nicht auszuschließen, dass im Rahmen der jetzt beschlossenen umfassenden Handelsrunde Vereinbarungen zur Einschränkung staatlicher Subventionstätigkeit im Dienstleistungsbereich getroffen werden.

Sollte die EU diese »horizontalen« Ausnahmen aufgeben, müssten die EU-Mitgliedsländer in der Tat entweder auf die Subventionierung der Bildung verzichten oder ausländische Anbieter ebenfalls in den Genuss dieser Subventionen kommen lassen. Die öffentlichen Subventionen für die private International University Bremen wären dann nicht Resultat einer besonderen, politisch begründeten Einzelfallentscheidung, sondern deren Betreiber, die texanische Rice University, hätte ein Anrecht auf diese Gelder.

GATS, Bildung und der EU-Binnenmarkt

Zur Beurteilung der Frage, wie die GATS-Verhandlungen das deutsche Bildungswesen berühren können, ist es auch hier notwendig, die unterschiedlichen Ebenen der Regulierung von Dienstleistungen zu unterscheiden. So gehört das GATS-Abkommen zur globalen, multilateralen Regulierungsebene. Es gehen keineswegs alle und nicht einmal die meisten Veränderungen von dieser Ebene aus. Den stärksten Deregulierungsdruck entfaltet vielmehr das europäische Binnenmarktprogramm.

In der Bologna-Erklärung von 1999 wurde die Schaffung eines europäischen Bildungsraumes als Ziel formuliert. Das Fördern der Mobilität, die Einführung von vergleichbaren Abschlüssen, die Einführung eines Credit Point Systems und die Kooperation in der Qualitätssicherung wurden als Arbeitsperspektiven genannt. Beim Prager Bildungsministertreffen im Mai 2001 vereinbarte man weitere Schritte zur Vertiefung der europäischen Hochschulkooperation.[4]

Das GATS eröffnet Exporteuren außerhalb der EU die Möglichkeit, auf Zugänge zum europäischen Markt zu dringen. Dabei müssen die Binnenmarktprivilegien nicht generell auf Anbieter aus Drittländern ausgeweitet werden – das regelt der GATS-Artikel V über wirtschaftliche Integrationsabkommen. Wie schon beschrieben, bestehen aber schon jetzt seitens der EU vielfältige Liberalisierungsverpflichtungen, die im Zuge der weiteren GATS-Verhandlung ausgeweitet werden können. Dabei können dann Bereiche durch Drittstaaten unter Druck geraten, die im Europäischen Binnenmarkt noch nicht oder nur zum Teil liberalisiert sind.

---

[4] http://eu.daad.de/arbeitsstelle_eu/euroletter/archiv/euroletter_19.pdf vom 12.04.2002.

In der EU sind Grundfreiheiten und Wettbewerbsregeln nicht auf staatliche Bildungssysteme anwendbar, solange mit der Erbringung der Bildungsdienstleistungen kein wirtschaftlicher Zweck verfolgt wird (Europäische Kommission 2000: 13). Das heißt aber nicht, dass es den EU-Mitgliedern nicht möglich ist, verstärkt private Anbieter aus Drittstaaten, z.B. in der Erwachsenenbildung oder der beruflichen Weiterqualifizierung, auf den Markt zu lassen. Derartige Marktöffnungsangebote könnten sehr wohl durch die Bundesrepublik über die EU-Kommission in die GATS-Verhandlungen eingebracht werden.

Entstehung internationaler Bildungsmärkte

Die große ökonomische Bedeutung des Bildungssektors ist daran ablesbar, dass die OECD-Staaten Mitte der 1990er Jahre durchschnittlich 5,9% ihres Bruttoinlandsprodukts für Bildung ausgaben. 80% dieser Mittel sind unmittelbare öffentliche Ausgaben für die Finanzierung von Bildungseinrichtungen (WTO 1998). Jedoch gibt es in zunehmendem Maße Angebote privater Bildungsträger. Besonders weit fortgeschritten ist die Privatisierung des Bildungssektors in Ländern wie England, Australien, Neuseeland, USA und Chile (Lohmann 2001). Aber auch in Deutschland finden sich in allen Stufen des Bildungssystems private Anbieter.

Bedeutung privater Anbieter in Deutschland

Im *Kindergartenbereich* haben wir in Deutschland eine ausdifferenzierte Träger- und Finanzierungsstruktur. Im Jahre 2000 wurden 60% der Kindergärten von der öffentlichen Hand, 20% durch den Träger selbst und 20% durch Elternbeiträge finanziert (Nagel/Jaich 20001: 9-15).

Die *Schulen* werden noch fast ausschließlich öffentlich finanziert und befinden sich auch überwiegend in öffentlicher Hand. Allerdings nehmen die privaten Bildungsausgaben der Eltern, z.B. für Nachhilfestunden, zu. Ferner gibt es eine Ausweitung privater Finanzierungsformen, wie Elterninitiativen zur Schulförderung, Sponsoring, Spenden und Werbung (Nagel/Jaich 2001: II 2-13). Schließlich finden wir in den Schulen vermehrt Public Private Partnerships, d.h. Kooperationen zwischen der öffentlichen Hand und privaten Unternehmen, z.B. bei der Nutzung des Internets.

Die *Hochschulen* befinden sich ebenfalls noch überwiegend in staatlicher Trägerschaft. In den letzten Jahren wurden jedoch einige private Universitäten gegründet, zum großen Teil mit öffentlicher Finanzierung. Des weiteren wird mit der Novellierung des Hochschulrahmengesetzes (HRG) vom 20. August 1998 »mehr Eigenverantwortung, Kostenorientierung, Vielfalt, Internationalität und Wettbewerb der Institutionen« angestrebt. Die Novellierung ermöglicht u.a. die Erhebung von Studiengebühren und die Wahl anderer Rechtsformen als der einer Körperschaft des öffentlichen Rechts. So sind nun auch Stiftungen oder Gesellschaften mit beschränkter Haftung als Rechtsformen möglich (Fuchs/Reuter 2001: 101).

Der Anteil privater Anbieter ist im Bereich der *Erwachsenenbildung* am größten. Im Jahre 1997 waren die Unternehmen mit 27% die größte Anbietergruppe, gefolgt von den Volkshochschulen mit 17%. Private Bildungsinstitute rangierten auf dem dritten Platz mit 11%. Danach folgten die Industrie- und Handelskammern mit 6%, Berufsverbände mit 5% und die Hochschulen, kirchlichen Stellen und nicht-kirchlichen Wohlfahrtsverbände mit jeweils 4% (Faulstich/Gnahs 2001: 191).

Entwicklung grenzüberschreitender Bildungsangebote

Die dynamische Entwicklung des grenzüberschreitenden Handels mit Bildungsdienstleistungen lässt sich kursorisch für die ersten drei Erbringungsarten des GATS darstellen. Zum Modus 4, der zeitweisen Arbeitsmigration, liegen für den Bildungsbereich keine hinreichenden Daten vor.

Mode 1 *Grenzüberschreitende Erbringung:* Die grenzüberschreitende Erbringung gewinnt insbesondere mit der Entwicklung und der Verbreitung des Internets an Bedeutung (E-Learning, Cyber-Universities etc.; WTO 1998). Im Jahre 2000 nahmen 6% aller im Ausland Studierenden an »distance learning«-Programmen teil (Larsen/Morris/Martin 2001: 13). Fernuniversitäten arbeiten zwar heutzutage noch meist mit einer Präsenzphase, doch bereits jetzt, vor Einführung leistungsstarker Breitbandnetze, bieten einige Fernuniversitäten Kurse allein über das Internet an (Phoenix University). Das Konzept der virtuellen Universität, sei es als Teilvirtualisierung einer bestehenden Hochschule, als Virtualisierung in einem Verbund von Partnerhochschulen oder als Neugründung einer nur im »cyberspace« existierenden Virtuellen Universität, findet rasche Verbreitung. Die deutschen Projekte des »distance learning« werden vom Bildungsministerium und dem Deutschen Akademischen Austauschdienst (DAAD) initiiert und finanziell unterstützt.

Mode 2 *Konsum im Ausland:* Der internationale Handel mit Bildungsdienstleistungen wächst vor allem im tertiären Bereich stark an, wobei der größte Teil auf im Ausland Studierende entfällt. Damit ist der Konsum im Ausland die dominante Form des internationalen Dienstleistungsverkehrs im Bildungsbereich. Aufgrund der hohen Zahl ausländischer Studierender sind die USA der führende »Exporteur« dieser Art von Bildungsdienstleistungen. Daraus resultierten 1999 Einnahmen von über neun Mrd. US-Dollar. Damit erreichte dieser Sektor den fünften Rang bei den US-Dienstleistungsexporten. Gemessen an den Einnahmen folgen Großbritannien, Australien und Kanada. Nimmt man die Zahl der Studierenden, kommen nach Großbritannien allerdings Länder, in denen das Studium weitgehend frei ist: Frankreich und Deutschland. Die Einnahmen in diesem Bereich beliefen sich auf etwa 3% des gesamten Handelsvolumens im Dienstleistungssektor der OECD-Länder (Larsen/Morris/Martin 2001: 8-14).

Mode 3 *Kommerzielle Präsenz:* Universitäten angelsächsischer Länder sind immer häufiger mit Zweigniederlassungen im Ausland präsent. Im Jahre 2000 boten 35 australische Universitäten 750 Offshore-Programme an, die von 31.850 Studierenden in Singapur, Hongkong, Malaysia und China besucht wurden. 75% aller Universitäten Großbritanniens unterhielten im Jahre 1996/97 Studienprogramme im Ausland (Larsen/Morris/Martin 2001: 13). Seit einigen Jahren engagieren sich auch deutsche Universitäten mit Unterstützung des DAAD im Ausland.

Handelshemmnisse im Bildungsbereich

Private Anbieter, Regierungen und internationale Organisationen wie die OECD zeichnen recht rosige Bilder von den Vorteilen des grenzüberschreitenden Handels mit Bildungsdienstleistungen. So sieht die Regierung Australiens positive Auswirkungen durch die gesteigerte Mobilität der Menschen, den Austausch akademischen Wissens und die Stärkung wirtschaftspolitischer und soziokultureller Allianzen (WTO 2001b). Die OECD erwartet durch die Öffnung der Märkte Wohlfahrtssteigerungen in aller Welt, insbesondere auch in den Entwicklungsländern (OECD 2001).

Diese Potenziale bleiben nach Ansicht von Regierungen und internationalen Organisationen aufgrund einer Vielzahl staatlicher Regulierungen, die den Handel beschränken, unausgeschöpft. Dazu zählen sie vor allem die Begrenzung der Anzahl der Dienstleistungsanbieter, des Volumens der erbrachten Dienstleistungen und der Höhe ausländischer Beteiligungen. Weitere Barrieren existieren aufgrund von Anforderungen an Lizenzierungen, Qualifikationen oder an die Einhaltung technischer Normen (Reichert/Schaub 2001). Die USA tragen in ihrem Verhandlungsvorschlag für die GATS-Runde eine umfängliche und äußerst aufschlussreiche Liste von Handelshemmnissen im Bildungsbereich zusammen:

- das Verbot von Dienstleistungen in Hochschulbildung, Erwachsenenbildung und Ausbildung seitens ausländischer Anbieter;
- fehlende Genehmigungen zur Errichtung von Niederlassungen ausländischer Anbieter in den WTO-Mitgliedsstaaten;
- unangemessene Restriktionen für die elektronische Übermittlung von Kursmaterialien;
- ökonomische Bedarfstests für die angebotenen Dienstleistungen; Maßnahmen, die einen örtlichen Partner vorsehen;
- wo amtliche Genehmigungen erforderlich sind, wird deren Gewährung außergewöhnlich lange verzögert; mitunter werden bei Verweigerung einer Genehmigung keine Gründe angegeben;
- steuerliche Benachteiligung ausländischer Anbieter; Vorzugsbehandlung örtlicher gegenüber ausländischen Partnern in entsprechenden Geschäftsverbindungen;
- Benachteiligung von *Franchise*- gegenüber anderen Geschäftsformen;
- unklare und unfaire Gesetzgebung und Regulierungspraxis;
- unklare und intransparente Bekanntgabe der Subventionen für Hochschulbildung, Erwachsenenbildung und Ausbildung;
- unproportional hohe und Unwirtschaftlichkeit verursachende Schutzbestimmungen für örtliche Arbeitskräfte;
- Erschwernis der Aufenthalts- und Arbeitserlaubnis zeitweise benötigter Spezialisten (wie Manager, Computerspezialisten, Referenten);

- außergewöhnlich hohe Gebühren- und Steuerzahlungen für den Gewinntransfer ins Heimatland;
- außergewöhnlich hohe Abgabenlasten für Lizenzen bzw. Patent- und Pachtgebühren (WTO 2000).

GATS-Forderungen der Wirtschaft
Das Hauptinteresse privater Anbieter bei den Dienstleistungsverhandlungen richtet sich gegenwärtig auf die tertiäre und die Erwachsenenbildung, wobei sich die Unternehmen die Aufnahme einer neuen Kategorie »Training« in die GATS-Klassifikation wünschen. Damit ist im Wesentlichen der lukrative Markt der unternehmensbezogenen Weiterbildung gemeint, der entweder durch konzerninterne MitarbeiterInnen oder externe Anbieter organisiert wird. Die Coalition of Service Industries (CSI), der Lobbyverband US-amerikanischer Dienstleistungsunternehmen, fordert für den Bildungsbereich in der neuen GATS-Runde u.a.:

- Erleichterungen für ausländische Niederlassungen, befristete Arbeitsmigration von Lehrpersonen und grenzüberschreitende Lieferung per Video, CD-ROM und Internet;
- Studierende sollen erleichterten Zugang zu US-amerikanischen Bildungs- und Weiterbildungsangeboten in ihren Heimatländern erhalten;
- Abschlüsse und andere Zertifikate von US-Institutionen sollen durch die Behörden anderer Länder anerkannt werden;
- die geistigen Eigentumsrechte an US-Bildungsmaterialien sollen international durchgesetzt, Zollbestimmungen, Währungskontrollen und Investitionsauflagen hingegen gelockert werden (CSI 2000).

Bildungsbezogene Forderungen der deutschen Wirtschaft für die GATS-Verhandlungen konnten bisher nicht ermittelt werden. Allerdings erwartet Gerhard Cromme, Aufsichtsratsvorsitzender von ThyssenKrupp, von der Öffnung des Bildungssektors, dass damit »der im europäischen Bildungssystem vorherrschenden Kultur der Faulheit« ein Ende bereitet werden könne (www.xs4all.nl~ceo/observer7/ebs.html vom 11.02.02).

Verhandlungsvorschläge der Regierungen

Im Rahmen der GATS-Verhandlungen müssen zwei verschiedene Arten von Dokumenten der WTO-Mitglieder unterschieden werden. Zum einen haben einzelne Regierungen allgemeine Verhandlungsvorschläge für die verschiedenen GATS-Sektoren bei der WTO eingereicht. Diese Dokumente sind frei zugänglich und können im Internet über den Dokumentenserver der WTO (www.wto.org) eingesehen und heruntergeladen werden. Zum anderen waren die Mitglieder nach dem – allerdings nicht verbindlichen – Verhandlungsfahrplan aufgefordert, bis Ende Juni 2002 konkrete Marktöffnungsforderungen bilateral an andere WTO-Mitglieder zu richten. Diese konkreten Forderungen sind in der Regel nicht zugänglich, allerdings sind einzelne Dokumente dennoch an die Öffentlichkeit gekommen.

Für die neue GATS-Runde liegen dem WTO-Sekretariat bisher vier allgemeine Verhandlungsvorschläge im Bildungsbereich vor, und zwar von den USA, Australien, Neuseeland und Japan. Die US-Regierung hat den obigen Forderungskatalog der Coalition of Service Industries (CSI) in ihrem allgemeinen Verhandlungsvorschlag übernommen und noch ergänzt. So soll mit den Anbietern von bildungsbezogenen Testverfahren eine weitere Kategorie in das GATS aufgenommen werden. Die Regierung Neuseelands moniert, dass der Teilsektor »andere Bildungsangebote« nicht hinreichend spezifiziert sei, um die gegenwärtigen Veränderungen im Bildungsmarkt adäquat zu erfassen. Sie schlägt daher die Ergänzung dieses Teilsektors um eine illustrative Liste vor. Weiterhin fordert Neuseeland die Aufnahme von »community education« in die Kategorie der »Erwachsenenbildung« und die Einführung einer neuen Kategorie »education agency services« (Bildungsvermittlungsdienste). Diese soll wie folgt definiert sein: »Bildungsvermittlungsdienste umfassen Werbung und Vermarktung von Bildungsdienstleistungen, die Bearbeitung von Bewerbungen und die Zahlung von Bewerbungsgebühren etc. Diese werden von Vermittlungsagenturen im Auftrag von Bildungseinrichtungen oder direkt von Studenten gegen Gebühr oder auf Vertragsbasis ausgeführt« (WTO 2000a: 3; Übersetzung GY).

Schließlich regt Neuseeland an, »Bildungsleistungen, die sich primär mit Freizeitinhalten befassen«, unter die Subkategorie

zierte Dienstleistungen beziehen und Forderungen speziell für Bildungstest-Dienstleistungen« (BMWi, Schreiben vom 8.8.2002). Im Klartext heißt dies, dass auch Marktöffnungsforderungen im Bereich öffentlich finanzierter Bildungsangebote gestellt worden sind. Konsequenterweise haben daher offenbar auch einzelne Drittstaaten die Beseitigung der horizontalen Ausnahmen der EU hinsichtlich öffentlicher Aufgaben und Subventionen gefordert. Das Wirtschaftsministerium führt dazu aus: »Verschiedene Forderungen beziehen sich auf generelle EU-Vorbehalte für *Dienstleistungen, die als öffentliche Aufgaben* betrachtet werden (Forderung nach Erläuterungen und Spezifizierungen, teilweise auch Streichung), auf die Behandlung von *Zweigstellen von Drittstaaten-Unternehmen in der EU* (Forderung nach gleicher Behandlung wie Tochtergesellschaften) und auf Subventionen (Forderung nach teilweiser oder vollständiger Streichung der EU-Vorbehalte bezüglich Inländerbehandlung für GATS-Erbringungsarten 3 und 4)« (ebd., Hervorhebungen im Original).

Das Ministerium macht allerdings keine Angaben darüber, welche konkreten Forderungen von welchen Staaten an die EU übermittelt wurden. Es wird aber schon an den zitierten Ausführungen deutlich, dass die EU im Bildungswesen, wie auch in allen anderen öffentlichen oder staatlich subventionierten Dienstleistungssektoren sehr wohl unter Druck geraten kann. Wie weit sie allerdings Zugeständnisse in diesen Bereichen machen wird, bleibt abzuwarten. Dass die Kommission entgegen früheren Beteuerungen selbst Forderungen im Bildungsbereich erhoben hat, und dies gegenüber dem wettbewerbsstärksten Anbieter auf diesem Gebiet, kann allerdings als Indiz für die Bereitschaft zu Konzessionen auch in sensiblen Feldern interpretiert werden.

Konkurrenzfähigkeit

GATS betrifft aus der EU-Perspektive in erster Linie das Verhältnis der Mitglieder der Europäischen Union zu den so genannten Drittstaaten, den Ländern außerhalb der EU. Erst in zweiter Linie wirkt GATS vermittelt über das strategische Gegeneinanderausspielen der Ebenen Europäische Union und WTO auch auf das Verhältnis der EU-Mitgliedsstaaten zueinander ein. Aus diesem Grunde sind die Auswirkungen von GATS vornehmlich durch das Konkurrenzverhältnis deutscher und europäischer Bildungsträger gegenüber Bildungsdienstleistern aus Nicht-EU-Ländern bestimmt. Die Wettbewerbsposition heimischer Anbieter ist jedoch noch nicht systematisch erfasst worden, sodass hier nur einige vorläufige Überlegungen präsentiert werden können, und zwar differenziert nach Erbringungsarten und Bildungssegmenten.

Grenzüberschreitende Erbringung (Mode 1)
Bei dieser Art der Dienstleistungserbringung werden Bildungsmaterialien über Informations- und Kommunikationstechnologien weltweit exportiert. In einem nennenswerten Umfang findet sich diese Erbringungsart bisher nur in den Segmenten Hochschule, Erwachsenenbildung und »andere« Bildungsdienstleistungen. Im Vergleich zu internationalen Anbietern im Bereich virtueller Hochschulen, wie der Western Governors University und der University of Phoenix Online, befinden sich die deutschen Anbieter mit Ausnahme der Fernuniversität Hagen in der Aufbauphase. Derzeit bestehen in Deutschland sechzehn virtuelle Universitäten, die überwiegend von den öffentlichen Einrichtungen finanziert, in Kooperation mit Stiftungen, Universitäten und Fachhochschulen getragen werden und vorerst für die Abnehmer in Deutschland konzipiert sind.

Die angelsächsischen Anbieter verfügen auf den internationalen Märkten über einen Reputationsvorsprung und einen klaren Sprachvorteil. Ferner kommen sie aufgrund des größeren englischsprachigen Marktes in den Genuss von Größenvorteilen, die sich günstig auf die Kosten bei der Erstellung von Bildungsmaterialien auswirken. Zudem steht ihnen ein größerer Pool von informationstechnologischen Fachkräften zur Verfügung und sie befinden sich in größerer Nähe (nicht nur geographisch) zu den führenden Firmen im Bereich der Informationstechnologien und Internetdienste. In einigen Fachgebieten werden deutsche Universitäten bzw. Forscher und Forscherinnen international als führend wahrgenommen, doch für die Attraktivität des Fernstudiums im Ausland dürfte die Reputation eine geringere Rolle spielen als im Bereich des Präsenzstudiums.

Grenzüberschreitend können im Bereich »andere Dienstleistungen« auch Leistungsüberprüfungen mit Multiple-Choice-Fragebögen vorgenommen werden. Marktführer ist die US-amerikanische Educational Testing Services (ETS; http://www.ets.org/).

Nutzung im Ausland (Mode 2)

Auch diese Erbringungsart beschränkt sich vornehmlich auf Hochschulen und Erwachsenenbildung. Wie oben ausgeführt, dominieren angelsächsische Anbieter diesen Markt. Während international mobile Studierende bereit sind, in den angelsächsischen Ländern für das Studium zu bezahlen, erhält die Masse der ausländischen Studierenden in Deutschland nicht nur Zugang zu einem kostenfreien Studium, sondern zusätzlich noch Subventionen in Form von Sprachkursen und – zu einem geringeren Teil – direkte Aufenthaltsstipendien. Unter rein marktwirtschaftlichen Bedingungen würde somit die Zahl ausländischer Studierender, die sich für Universitäten in Deutschland entscheiden, deutlich geringer ausfallen. Aufgrund des eigenen kleineren Sprachraums ist zu vermuten, dass auch bei einer stärkeren Ausdifferenzierung der deutschen Hochschullandschaft mit der Herausbildung international bekannter, marktorientierter Universitäten keine drastische Änderung dieser Situation eintreten wird.

Jenseits von Sprachkursen wird sich die Teilnahme an Weiterbildungsangeboten im Ausland auf firmeninterne oder firmengeförderte Angebote für die jeweiligen weltweit tätigen MitarbeiterInnen konzentrieren.

Kommerzielle Präsenz (Mode 3)

Im Falle der Bildung bedeutet dieser Modus in erster Linie die Eröffnung von Sprachschulen bzw. berufsorientierten, fachlich spezialisierten Bildungsinstitutionen sowie eines Universitätscampus in einem anderen WTO-Mitgliedsland.

In beiden Bereichen sind angelsächsische Anbieter deutlich erfolgreicher. Die Präsenz deutscher Hochschulen im Ausland bedarf derzeit noch einer signifikanten Förderung durch den Deutschen Akademischen Austauschdienst (DAAD). Es fehlt den deutschen Hochschulen an internationaler Reputation (insbesondere als »Marke« im Bildungsmarkt), an eigener Finanzkraft durch Stiftungsvermögen und an Kenntnissen der betriebswirtschaftlichen Führung und Vermarktung universitärer Lehrangebote. Aufgrund der öffentlichen Förderung der Hochschulen in

Deutschland sind allerdings bisher umgekehrt nur wenige ausländische Anbieter mit Niederlassungen im deutschen Bildungswesen vertreten. Ihre kostenpflichtigen Angebote stehen in Konkurrenz zum gebührenfreien Studium an deutschen Hochschulen. Entsprechend versuchen sie selbst in den Genuss von staatlichen Subventionen zu kommen, wie z.B. die Rice University für ihren Standort International University Bremen.

Präsenz natürlicher Personen (Mode 4)
Für den Modus der zeitlich befristeten Arbeitsmigration kommt auch der Bereich der Primärbildung in Frage. Das internationale Lohngefälle könnte zur zeitweiligen Beschäftigung von ausländischen Kindergärtnerinnen führen, wobei allerdings die notwendige Sprachkompetenz ein Hindernis darstellen könnte. Letzteres schließt den Bereich »sekundärer« Bildungsdienstleistungen weitgehend aus.

Bei der Berufs- und Universitätsausbildung ist eine Differenzierung nach Fachgebieten zu erwarten, und zwar in Abhängigkeit von der Bedeutung der deutschen Sprache für die Aneignung und Anwendung der Inhalte des jeweiligen Fachgebiets. Ausländische Fachkräfte dürften allerdings insgesamt weniger in der Wissensvermittlung als in Bereichen tätig werden, die die Lehre und Forschung unterstützen.

Größter Einsatzbereich dürfte die Erwachsenen-/Weiterbildung sein, da dort Lehrangebote mit zumeist deutlich kürzeren Teilnahmezeiten angeboten werden.

Potenzielle Auswirkungen
Die Zukunft abzuschätzen ist immer schwierig. Das Risiko, falsche Prognosen abzugeben, steigt, je dünner die empirische Basis ist. Da eine ausreichend solide empirische Basis fehlt, sind die folgenden Ausführungen zu den möglichen Auswirkungen der bestehenden und künftigen GATS-Verpflichtungen mehr Vermutung denn Prognose. In erster Linie geht es um die Benennung von möglichen Problembereichen.

Folgen der »vertikalen« Verpflichtungen

Die EU hat sich hinsichtlich der Erbringungsarten 1 bis 3 in den Bereichen »primäre«, »sekundäre«, »tertiäre« Bildungsdienstleistungen und Erwachsenbildung zur Einhaltung der GATS-Prinzipien verpflichtet. Aufgrund der öffentlichen Subventionen für »sekundäre« und »tertiäre« Bildungsdienstleistungen werden auch weiterhin Angebote aus Nicht-EU-Staaten in Form von »Nutzung im Ausland« und »kommerzielle Präsenz« gering bleiben. Es ist aber zu erwarten, dass ausländische Anbieter die ständig besseren technischen Möglichkeiten für die grenzüberschreitende Erbringung von Bildungsdienstleistungen vor allem im Hochschulbereich und im Bereich der Erwachsenenbildung nutzen werden. Insbesondere US-amerikanische Anbieter verfügen im Bereich virtueller Universitäten über Vorsprünge hinsichtlich des Know-hows und der Reputation. Inwieweit die von diesen Anbietern angebotenen Abschlüsse in Konkurrenz zu Abschlüssen öffentlicher Universitäten treten werden, hängt im Wesentlichen von der Anerkennung von Studienabschlüssen ab. Falls künftig auf einen Markt der Zertifizierung von Studiengängen gesetzt werden sollte, könnte es zu einer schärferen Konkurrenz mit den bisherigen Abschlüssen an Präsenzuniversitäten kommen.

Aufgrund der bereits eingegangenen Verpflichtungen könnte die EU in der derzeitigen GATS-Runde im Wesentlichen nur noch weitere Verpflichtungen für das Segment »andere Bildungsdienstleistungen« und hinsichtlich der Erbringungsart 4 »Präsenz natürlicher Personen« eingehen. In der Tat bestehen Forderungen von Drittländern im Segment »andere Bildungsdienstleistungen«. Diese zielen nicht auf das gesamte Segment ab, zumal die Länder, die diese Forderungen aufstellen, sich selbst bisher in einem geringeren Umfang als die EU zur Marktöffnung verpflichtet haben. Vielmehr setzen sie auf eine weitere Ausdifferenzierung dieses Segments, wobei insbesondere Bildungsvermittlungsdienste (education agency services) und Leistungsüberprüfungsdienste (education testing services) gesondert ausgewiesen werden sollen, damit sie liberalisiert werden können. Bei der Durchführung von Leistungsüberprüfungen von Studierenden sowie des verwendeten Bildungsmaterials ist die US-amerikanische Firma Educational Testing Services Marktführer. Sie ist Mitglied im National Committee for International Trade in Education (NCITE), das auf amerikanischer Seite bei den GATS-Verhandlungen vertreten ist. Eine Liberalisierung dieses Bereiches wirft die Frage auf, inwiefern sich die Standards, die solche Unternehmen bei den Lehrinhalten haben, international durchsetzen und somit der bisherigen Hochschulautonomie bzw. der demokratischen Kontrolle der Schulen Grenzen setzen.

Folgen der Aufgabe der »horizontalen« Ausnahmen
Bisher hat sich die EU das Recht vorbehalten, den Marktzugang im Bereich öffentlicher Aufgaben einzuschränken und im Bildungsbereich nach eigenem Belieben zu subventionieren. Diese Ausnahme stellt einen effektiven Schutz für die in öffentlicher Trägerschaft geführten Bildungseinrichtungen dar. Allerdings forderte die US-amerikanische Regierung in ihrem Verhandlungsvorschlag, dass die Subventionspraxis transparent gemacht wird. Transparenz würde allerdings den Spielraum bei den Subventionsentscheidungen einengen. Hinzu kommt, dass einzelne WTO-Mitglieder in ihren bilateralen Marktöffnungsforderungen offenbar die teilweise oder vollständige Streichung der horizontalen Ausnahmen bezüglich öffentlicher Aufgaben und Subventionen von der EU gefordert haben.

Daneben sind auch noch Verhandlungen über Art und Ausmaß von Subventionen vorgesehen und der Rat für Dienstleistungshandel ist beauftragt, Regeln zur Erhöhung der Transparenz staatlicher Regulierung und Kriterien zur Bestimmung der Notwendigkeit staatlicher Maßnahmen auszuhandeln. Auch wenn diese Verhandlungen bisher eher stagnierten, ist nicht auszuschließen, dass eine Einigung im Zusammenhang mit anderen Themen erzielt werden kann (Paketlösung) oder dass eine Gruppe von Ländern voranschreitet und ein Abkommen abschließt. Die Vielzahl von Verhandlungsarenen für die Bereiche hoheitlicher Dienste und Subventionen erleichtert es den gesellschaftlichen Akteuren nicht, die Übersicht über den Verhandlungsstand und die Verhandlungsergebnisse zu behalten.

5. Die Entwicklungsländer in den GATS-Verhandlungen

Die Abschätzung möglicher Folgen der GATS-Verhandlungen für die Entwicklungsländer, seien dies verbesserte Exportchancen für Dienstleistungen aus dem Süden oder aber potenzielle Restriktionen bei der inländischen Bereitstellung und Regulierung von Diensten, steckt noch in den Kinderschuhen. Erste Ansätze verfolgen u.a. die UN-Konferenz für Handel und Entwicklung, UNCTAD, Beratungseinrichtungen für Entwicklungsländer wie das Genfer South Centre und internationale Gewerkschaftsverbände und Nichtregierungsorganisationen. Nachfolgend wird zunächst die Bedeutung des Dienstleistungshandels für die Entwicklungsländer skizziert, um anschließend mögliche Implikationen der GATS-Verhandlungen abzuschätzen.

Die Bedeutung des Dienstleistungshandels für Entwicklungsländer

Rund ein Viertel der weltweiten Exporte von Dienstleistungen – deren Wert belief sich 1999 insgesamt auf ca. 1,34 Mrd. US$ – entfallen auf die Entwicklungsländer (WTO 2000b). Diese verteilen sich wiederum sehr ungleich. So exportieren die am wenigsten »entwickelten« Länder, die sogenannten Least Developed Countries (LDC),[5] weniger als 0,2% der Weltdienstleistungen, und dieser geringe Anteil ist seit 1990 sogar noch weiter gesunken (WTO 1998). Die 16 exportstärkeren Ökonomien des Südens vereinigten 1999 dagegen 16,29% der weltweiten Services-Exporte auf sich, wobei dieser Anteil seit Abschluss der Uruguay-Runde (1994) weitgehend konstant geblieben ist. Zu den zehn wichtigsten Exporteuren gehören Hongkong, Süd-Korea, China, Singapur, die Türkei, Thailand, Indien, Malaysia, Mexiko und Israel (WTO 2001).

[5] Dieser Gruppe gehören gegenwärtig 49 Länder an.

Allerdings verzeichnen die Entwicklungsländer beim Handel mit den meisten Dienstleistungen ein Defizit, es sei denn, sie erzielen Einnahmen aus Tourismus und Reisen oder aus den Überweisungen ihrer im Ausland beschäftigten Arbeitsmigranten. Auch von den 16 führenden Exporteuren aus dem Süden erzielten 1999 nur fünf einen Überschuss beim Handel mit kommerziellen Diensten (WTO 2001). Die binnenökonomische Bedeutung von Dienstleistungen ist in Entwicklungsländern in den letzten Jahren stark angestiegen, wenn auch mit großen regionalen Unterschieden. Ihr Anteil am Bruttoinlandsprodukt beträgt durchschnittlich 40% (Mashayekhi 2000).

Während der Uruguay-Runde hatten sich die Entwicklungsländer zunächst vehement gegen die Aufnahme von Dienstleistungen in das Regime der Welthandelsorganisation ausgesprochen. Ihre eigene Service-Industrie sei zu schwach entwickelt, sodass sie bei verfrühter Marktöffnung dem verschärften Wettbewerb nicht gewachsen ist. Entsprechend müsse sie sich zunächst geschützt vom Weltmarkt entwickeln können. Als besonders problematisch betrachteten sie, dass auch der Güterhandel von Ländern ohne nennenswerten Service-Sektor bei Nichteinhaltung des GATS sanktioniert werden kann. Die Möglichkeit solcher Überkreuz-Vergeltungsmaßnahmen (»cross retaliation«) hatte die US-Regierung auf Initiative der Coalition of Service Industries durchgesetzt. Der Widerstand der Entwicklungsländer wurde eingedämmt, als ihnen die Industrieländer mit dem flexiblen Liberalisierungsansatz des GATS entgegen kamen (Vander Stichele 1998).

Grundsätzlich spiegelt das Niveau an übernommenen GATS-Verpflichtungen den Entwicklungsstand der Länder wider. Während einzelne Least Developed Countries nur in einem einzigen Sektor Marktöffnungen zugelassen haben, legten einige Schwellenländer umfassende Verpflichtungslisten vor, die eine große Zahl von Sektoren umfassen und an das Verpflichtungsniveau mancher Industriestaaten heranreichen (Mashayekhi 2000).

Die Vorbehalte der Länder des Südens gegenüber einer forcierten Dienstleistungsliberalisierung bedeuten keineswegs, dass sie nicht auch Chancen mit diesem Bereich verbinden. So wünschen sie sich selbstverständlich ebenfalls bessere Marktzugangsmöglichkeiten für ihre Serviceanbieter in den Industrieländern. Jedoch haben sie auch das Interesse, ihre inländischen Anbieter vor allzu starker Konkurrenz aus den Industrienationen zu schützen. Daher ist ihre Haltung differenziert: Sie suchen Exportchancen wie auch den Schutz noch nicht wettbewerbsfähiger Anbieter. Hinzu kommt, dass sie im Gesamtrahmen der Doha-Runde auf einer strikten Parallelität zwischen den Agrar- und den Dienstleistunsverhandlungen beharren, um etwaige Zugeständnisse bei Dienstleistungen von einem Entgegenkommen bei den Agrarverhandlungen abhängig machen zu können.

Exportchancen in einzelnen Sektoren

Für viele Länder bietet der Service-Bereich eine der wenigen Möglichkeiten, ihre Exportpalette zu diversifizieren und die einseitige Abhängigkeit von Rohstoffausfuhren zu überwinden. Potenzielle Exportchancen werden den Ländern des Südens vor allem in sechs Service-Bereichen attestiert, in denen ihre Wettbewerbsvorteile jedoch häufig von der Möglichkeit grenzüberschreitender Arbeitskräftebewegungen bestimmt werden (UNCTAD 1999):

- Professionelle und Unternehmensdienstleistungen, vor allem im EDV- und Back Office-Bereich
- Gesundheitsdienstleistungen
- Tourismus
- Bauwesen
- Audiovisuelle Dienstleistungen
- Transport

Was EDV- und Back Office-Dienste angeht, z.B. Softwareprogrammierung, Datenverwaltung oder medizinische Datenverarbeitung, wird nur von einer geringen Zahl potenzieller Anbieter auf Seiten von Entwicklungsländern ausgegangen. Ähnlich wird die Situation bei Gesundheitsdienstleistungen eingeschätzt, da die Industrieländer auch hier bisher vergleichsweise geringe Marktöffnungsverpflichtungen eingegangen sind. Einige wenige Entwicklungsländer können auch vom »mode 2«-Handel profitieren, d.h. von der Inanspruchnahme medizinischer Dienste durch Patienten aus dem Ausland. Dies beschränkt sich aber vor allem auf diejenigen Länder in relativer Nähe zu den Heimatländern der Patienten.

Der Tourismus-Sektor war schon vor der Uruguay-Runde weitgehend liberalisiert, was sich auch in der höchsten Zahl von WTO-

Mitgliedern niederschlägt, die GATS-Verpflichtungen eingegangen sind. Begrenzungen resultieren hier gleichfalls aus der Entfernung zu den Herkunftsländern der Touristenströme, aber auch aus protektionistischen Luftverkehrsregelungen und der hohen Konzentration unter den Anbietern (s.u.; WWF 2000).

Im Bauwesen sind mehr Verpflichtungen bei der Niederlassungsfreiheit (mode 3) eingegangen worden als bei der für Entwicklungsländer besonders relevanten Erbringungsart 4, den befristeten Arbeitsaufenthalten im Ausland. Hier sind die Verpflichtungen noch sehr gering. Weitere Marktzugangshindernisse entstehen für Dienstleistungsanbieter aus dem Süden durch die hochsubventionierten Konkurrenten aus dem Norden, die sie auch von Drittmärkten verdrängen. So können sie nicht mit Baufirmen der Industrieländer konkurrieren, die von ihren Regierungen durch Exportfördermaßnahmen, Ausfallbürgschaften oder Entwicklungshilfeleistungen mit Lieferbindung subventioniert werden. Was den Seetransport angeht, profitieren manche Staaten von der Praxis des Ausflaggens. Mittlerweile sind vor allem Frachtflotten größtenteils in Entwicklungsländern registriert. Dort werden auch die Mannschaften rekrutiert (WTO 1999; UNCTAD 1999).

Daneben gelten zahlreiche preisbasierte Maßnahmen als potenzielle Zutrittsbarrieren für Anbieter aus dem Süden. Dazu zählen u.a. Visa-, Lande- und Lizenzgebühren oder Hafensteuern. Hinzu kommen technische Standards in Industrieländern, mangelnder Zugang zu Informations- und Vertriebskanälen, die Intransparenz staatlicher Vorschriften, kaum Zugang zu öffentlichen Aufträgen und ungenügende Möglichkeiten, die Finanzierungspakete für größere Projekte mitzuliefern (UNCTAD 1999).

Modale Bewertung – Risiken der Liberalisierung

Mode 1 – Die digitale Kluft

Inwieweit Entwicklungsländer von der Erbringungsart der grenzüberschreitenden Lieferung von Dienstleistungen profitieren können, hängt nicht zuletzt von ihren Möglichkeiten ab, die neuen Informationstechnologien zu nutzen. Aufgrund der »digitalen Kluft« sind jedoch für einen Großteil von ihnen die Aussichten eher trübe, von den Vorzügen des Internets zu profitieren. Zwar sind über 200 Länder der Welt an das Internet angeschlossen, die Zahl der Nutzer ist jedoch extrem ungleich verteilt. 56% sind in Nordamerika ansässig, 24% in Europa und 20% im Rest der Welt (South Centre 1999).

Dabei beginnen die Probleme nicht erst beim Internet-Zugang, sondern schon bei Telefon-Anschlüssen, PCs und der Stromversorgung. Durchschnittlich verfügen Entwicklungsländer nur über 5,8 Telefonanschlüsse pro 100 Einwohner, im südlichen Afrika sogar nur 1,4. Während in den reichen Ländern 18 PCs auf 100 Einwohner kommen, liegt dieses Verhältnis im Süden bei 1 zu 1.000. Eine stabile Stromversorgung ist ebenfalls häufig Mangelware. In Afrika leben 70% der Bevölkerung auf dem Lande ohne jegliche Stromversorgung, in Lateinamerika schwankt der Versorgungsgrad von Land zu Land zwischen 43,5% und 95%. Hinzu kommt als koloniales Erbe, dass die vorhandene Infrastruktur oftmals auf die Industriestaaten ausgerichtet ist. So werden innerafrikanische Telefongespräche häufig über Europa vermittelt, wofür afrikanische Telefongesellschaften 1995 noch 400 Mio US$ an Vermittlungsgebühren nach Europa überweisen mussten. Satellitenverbindungen der Entwicklungsländer laufen meist über die USA, selbst wenn sie der inländischen Kommunikation dienen. Aufgrund dieser technologischen Abhängigkeiten vom Norden fließen auch die Einnahmen im elektronischen Handel via Internet vornehmlich von Süd nach Nord (Müller/Wegmann 2000).

Insofern verwundert es nicht, dass sich Entwicklungsländer mit Ausnahme einiger lateinamerikanischer und asiatischer Schwellenländer auch an den WTO-internen Verhandlungen zum E-Commerce kaum beteiligen. Einige von ihnen äußerten aber Bedenken über das 1998 vereinbarte Moratorium auf die Erhebung von Zöllen auf elektronisch übertragene Güter und Dienste. Da sie in wesentlich stärkerem Maße von Zolleinnahmen abhängig sind als Industrieländer, befürchten sie Einnahmeverluste, insbesondere wenn auch in ihre Länder zunehmend mehr Produkte über das Internet exportiert werden. Nach UNCTAD-Schätzungen belaufen sich die fiskalischen Verluste durch das Moratorium auf eine Summe von 9 Mrd US$. Allerdings sind diese Verluste für die Entwicklungsländer gravierender, da sie höhere Zölle auf digitale Produkte erheben. Hinzu kommt, dass in diesen Ländern vielfach keine Mehrwertsteuer auf Güter oder Dienstleistungen erhoben wird (UNCTAD 2001a).

Positive Wirkungen werden mitunter auch von den Möglichkeiten der Telemedizin erhofft. So können ausländische Spezialisten Ferndiagnosen für Krankenhäuser in entlegenen ländlichen Regionen erstellen. Es existieren eine Reihe entsprechender Pilotprojekte zwischen Universitätskrankenhäusern in Industrieländern und Gesundheitseinrichtungen im Süden (UNCTAD 1997). Diese funktionieren jedoch meist auf nicht-kommerzieller Basis. Es gibt deshalb Zweifel, ob derartige Projekte kommerziell tragfähig sein können. Hinzu kommt, dass ein Handel mit Gesundheitsdiensten über das Internet ebenfalls einer effektiven Kontrolle bedarf, die vielfach jedoch nicht geleistet werden kann. Die Weltgesundheitsorganisation weist z.B. darauf hin, dass wiederholt verschreibungspflichtige, mitunter auch unwirksame oder schädliche Medikamente unkontrolliert über das Internet verkauft worden sind. Auch können Kliniken und Ärzte Pharmazeutika über das Internet ordern, die nicht auf einer nationalen Positivliste sinnvoller Medikamente enthalten sind (Hilary 2001).

Mode 2 – Export durch Tourismus

Die bedeutendste Form des Konsums von Dienstleistungen im Ausland findet im Bereich des Tourismus statt. Mit einigem Abstand folgen Bildungs- und Gesundheitsdienste.

Der Tourismus wächst seit den vergangenen drei Jahrzehnten beständig und macht gegenwärtig rund ein Drittel der gesamten Umsätze im internationalen Dienstleistungshandel aus. Im Jahr 1997 wurden weltweit 613 Millionen Reisende gezählt, die zu Einnahmen von 448 Mrd. US$ führten. Knapp 30% davon entfallen auf Entwicklungsländer. Der Tourismus ist zudem der einzige bedeutende Dienstleistungssektor, in dem die Länder des Südens kontinuierlich einen Handelsüberschuss erzielt haben. Dieser belief sich im Jahr 1996 auf 62,2 Mrd. US$. Die regionale Verteilung ist allerdings auch hier ziemlich ungleich. Die 48 Least Developed Countries empfingen im Jahr 1996 lediglich 0,7% der Reisenden und 0,4% der Einnahmen (UNCTAD 1998). Der WWF weist in diesem Zusammenhang auf einen beunruhigenden Trend hin. So gebe es eine Reihe von Ländern, in denen die Zahl der jährlichen Besucher schneller wächst als die Einkünfte aus dem Tourismus. Diese Länder müssen also eine wachsende Zahl von Touristen verkraften, um die gleichen oder womöglich geringere Einnahmen zu erzielen. Dies gilt vor allem in Regionen mit extensivem Wachstum des Tourismus wie Kenia, Tunesien, Thailand, Hongkong, China und Indonesien (WWF 2000). Die UNCTAD führt eine Reihe von Gründen für diese geringen Einnahmen bezogen auf die Gesamtzahl der Touristen an, darunter die hohe Zahl von tourismusbezogenen Importen (vom Baumaterial bis zu Nahrungsmitteln und Getränken), die Repatriierung von Gewinnen internationaler Hotelketten, die geringe Verhandlungsmacht lokaler Tourismusdienstleister gegenüber multinationalen Konzernen, die höheren Flugkosten bei seltener angeflogenen Reisezielen und der mangelnde Zugang zu den internationalen Reservierungssystemen der großen Reiseveranstalter (UNCTAD 1998). Schließlich gehen mit dem Tourismus eine ganze Reihe ökologischer Belastungen einher: Übernutzung von Süßwasservorkommen, Vernichtung biologischer Vielfalt und Verschmutzung durch Abwässer und Abfälle (vgl. WWF 2000).

Einen wesentlich geringeren Anteil am Mode 2-Handel der Entwicklungsländer haben Bildungs- und Gesundheitsdienstleistungen. Zwar gibt es Studierende aus Industrie- wie auch aus anderen Entwicklungsländern. Ein wesentliches Hindernis liegt aber in der schwierigen Anerkennung von Diplomen und anderen Zertifikaten in den Herkunftsländern der Studierenden. Als besondere Gründe für den Besuch von Studien- oder Ausbildungsgängen in Entwicklungsländern werden die Reputation einzelner Bildungseinrichtungen sowie die Einzigartigkeit bestimmter Angebote genannt. So gibt es z.B. eine wachsende Nachfrage nach Ausbildung in traditionellen Heilmethoden (UNCTAD 1997).

Ebenso wie nordamerikanische und europäische Kliniken bieten mittlerweile auch Länder wie Kuba, Indien oder Jordanien spezialisierte Behandlungsangebote auf dem Gesundheitsmarkt an. Die Ausrichtung mancher Krankenhausbetriebe auf die Behandlung ausländischer Patienten wird jedoch als zweischneidig angesehen. Inwieweit nämlich die damit zu erzielenden Einnahmen auch der inländischen Grundversorgung zugute kommen, ist fraglich. Die britische Hilfsorganisation Save the Children stellte z.B. fest, dass »die öffentliche Hand oftmals die Kosten für den Bau von Kliniken zur Behandlung ausländischer Patienten tragen muss« (Hilary 2001). Zudem würden die meist privaten Kliniken qualifiziertes Personal aus dem öffentlichen System abziehen.

Mode 3 – Die Rechte der Investoren
Am rasanten Anstieg ausländischer Direktinvestitionen in den letzten zehn Jahren haben auch Entwicklungsländer partizipiert. Während Dreiviertel der ausländischen Direktinvestitionen in Industrieländer fließen (im Jahr 2000 über 1 Bio. US$), entfällt das übrige Viertel vor allem auf einige größere Schwellenländer (im Jahr 2000 ca. 240 Mio. US$). Dies steht vor allem im Zusammenhang mit Privatisierungen vormaliger Staatsbetriebe (UNCTAD 2001). Zwischen Zweidrittel und Dreiviertel der Investitionsströme fließen wiederum in die Dienstleistungssektoren.

Entsprechend verknüpfen Entwicklungsländer mit der kommerziellen Präsenz von ausländischen Dienstleistungsanbietern die größten Erwartungen. Diese beziehen sich vor allem auf den Technologietransfer, das Management Know How, die Schaffung von Arbeitsplätzen und die Reduzierung von Devisenausgaben für den Dienstleistungsimport. Bei dieser Erbringungsform haben sie auch die größte Zahl an GATS-Verpflichtungen übernommen, die jedoch mit zahlreichen Beschränkungen versehen wurden. Denn es bedarf sehr spezifischer inländischer Auflagen, um ausländische Direktinvestitionen in für die eigene Entwicklung förderliche Bahnen zu lenken. Zu dem Set möglicher Auflagen gehören u.a. Bestimmungen über die Höhe ausländischer Beteiligungen, Quoten für die Einstellung einheimischer Arbeitskräfte oder die Verwendung inländischer Vorprodukte, der Zwang zu Joint Ventures (Gemeinschaftsunternehmen) mit lokalen Firmen, die Einhaltung bestimmter Gesetze zum Arbeits- oder Umweltschutz sowie Handels- und Zahlungsbilanzauflagen. Letztere sollen sicherstellen, dass keine außenwirtschaftlichen Ungleichgewichte durch zu hohe Importe von Vorprodukten, zu hohe Devisenausgaben oder durch Rückführungen von Gewinnen im Zusammenhang mit den Investitionen entstehen (Sauvé/Wilkie 1999).

Derartige Investitionsauflagen sind aber der Dienstleistungsindustrie und den nördlichen Regierungen ein Dorn im Auge. So schreibt der Bundesverband der deutschen Industrie: »Deutsche Unternehmen sehen sich beim Auf- und Ausbau kommerzieller Präsenzen im Ausland in vielen Ländern jedoch mit Hemmnissen konfrontiert. Diese umfassen u.a. Beschränkungen bei der Gründung von Tochtergesellschaften bzw. beim Beteiligungserwerb, Verbot von Mehrheitsbeteiligungen, Zwang zu Joint Ventures mit lokalen Unternehmen, aufwendige Lizenzierungsverfahren, Verbot des Landerwerbs, zwangsweiser Technologietransfer und vielfältige bürokratische Hemmnisse. (...) Die laufenden GATS-Verhandlungen müssen nun dazu führen, dass nach wie vor bestehende Hemmnisse zur Etablierung kommerzieller Präsenzen im Ausland weiter abgebaut werden. Zusätzliche Verpflichtungen der Mitgliedsstaaten zur Gewährung der Niederlassungsfreiheit von Unternehmen und zur Inländerbehandlung sind hierfür notwendig« (BDI 2001).

Das sieht die Bundesregierung auch so und nennt als eines ihrer vordringlichen Ziele bei den GATS-Verhandlungen die »Ausweitung von Liberalisierungszusagen in der für die deutsche Dienstleistungswirtschaft besonders wichtigen 3. GATS-Erbringungsart (kommerzielle Präsenz)« (Bundesregierung 2001).

Freiheit des Kapitalverkehrs

Dennoch sprechen Handelsexperten wie die OECD-Mitarbeiter Sauvé und Wilkie (1999: 18) davon, dass »die existierenden Investitionsschutzbestimmungen des GATS jetzt schon recht stark sind« und im Rahmen der laufenden Neuverhandlung die »Investitionsfreundlichkeit der GATS-Regeln« noch verbessert werden könne. Dafür schlagen sie verschiedene Ansätze vor, wie z.B. die Ausweitung der GATS-Definition von kommerzieller Präsenz. Begrüßenswert sei, dass das GATS bereits den Abbau handelsbeschränkender Maßnahmen umfasst, die sowohl vor als auch nach der Gründung einer Auslandsniederlassung auftreten. Jedoch könne die GATS-Definition auf eine Reihe weiterer, mit Investitionen einhergehender Bereiche ausgeweitet werden, so auf Portfolio-Investitionen (Kapitalanlagen wie Aktien, Anleihen, Investmentfonds etc.), Gewinnansprüche von Eigentümern, Besitz von Grundstücken und andere Vermögensarten (ebd.: 16).

Eine solche Ausweitung würde allerdings auf eine Verschärfung der jetzt schon problematischen GATS-Bestimmungen zur Regulierung des grenzüberschreitenden Kapitalverkehrs hinauslaufen. Schon während der Uruguay-Runde wollten die Industrieländer eine Lockerung der in vielen Entwicklungsländern verbreiteten Kapitalverkehrskontrollen erreichen, mit denen diese sich gegen unerwünschte und gegebenenfalls krisenverschärfende Zu- oder Abflüsse abzusichern versuchen. Sobald die WTO-Mitglieder aber sektorspezifische Marktöffnungsverpflichtungen eingegangen sind, verbietet der GATS Artikel XI ihnen »Beschränkungen internationaler Übertragungen und Zahlungen im Rahmen laufender Geschäfte, die mit ihren spezifischen Verpflichtungen zusammenhängen«. Nur im Falle »schwerwiegender Zahlungsbilanzstörungen oder externer Zahlungsschwierigkeiten« sind Ausnahmen zulässig, die jedoch nicht gegen Vereinbarungen mit dem IWF verstoßen dürfen. Diese Bestimmungen können folglich erhebliche Beschränkungen der nationalen Steuerung von Kapitalströmen zur Folge haben (GATS 1994; vgl. auch Mattoo 1998).

Diese Investitionsschutzbestimmungen könnten nach Meinung der OECD-Experten »noch weiter gestärkt werden, wenn sie zu allgemeinen statt sektorspezifischen Auflagen gemacht würden« (Sauvé/Wilkie 1999: 18). Nach diesem Vorschlag soll der freie Kapitalverkehr den gleichen Rang genießen wie das Meistbegünstigungsprinzip (die Ausweitung bilateral gewährter Vergünstigungen auf alle übrigen WTO-Mitglieder), das unabhängig von der Eintragung spezifischer Liberalisierungsverpflichtungen in den Länderlisten zur Anwendung kommt.

Das Ziel des unbeschränkten Kapitalverkehrs durchzieht auch die im April 2002 an die Öffentlichkeit gekommenen Marktöffnungsforderungen der Europäischen Union an eine Gruppe von 29 Industrie- und Schwellenländern, darunter China, Indien, Indonesien, Thailand, Malaysia, Ägypten, Südafrika, Argentinien, Brasilien und Chile (vgl. www.gatswatch.org/requests-offers.html). Von Argentinien fordert die EU beispielsweise, dass niedergelassene Banktöchter das Kapital ihrer europäischen Mutterkonzerne verwenden dürfen, um den argentinischen Eigenkapitalanforderungen zu genügen (Ad Hoc 133 Committee 2002a). Malaysia soll den Handel mit der inländischen Währung Ringgit und mit Fremdwährungen für Bank- und Finanzdienstleister vollständig freigeben, obwohl gerade Beschränkungen des Devisenhandels eine wichtige Maßnahme im Kampf gegen Finanzkrisen darstellen. Ferner sollen »Beschränkungen von Portfolio-Investitionen in inländischen Unternehmen« wie auch die »starken Beschränkungen beim Umfang ausländischer Wertpapier-Operationen« beseitigt werden (Ad Hoc 133 Committee 2002b). Von den Philippinen wird verlangt, den Offshore-Töchtern ausländischer Banken – diese haben ihren Sitz für gewöhnlich in vollkommen unregulierten Steueroasen – Geschäfte in einheimischer Währung zu ermöglichen. Gerade auf diesem Weg finden aber krisenverschärfende Spekulationen gegen Schwachwährungen statt (Ad Hoc 133 Committee 2002c). Von Indien schließlich verlangt die EU die Zulassung der als besonders riskant angesehenen und grenzüberschreitend getätigten derivativen Finanzgeschäfte[6] (Ad Hoc 133 Committee 2002d).

Enteignung und Entschädigung
Ziel des GATS ist es, »schrittweise einen höheren Stand der Liberalisierung zu erreichen« (Art. XIX). Im Prinzip können einmal eingegangene Verpflichtungen nicht umstandslos zurückgenommen werden. Eine solche Möglichkeit ist aber besonders dann bedeutsam, wenn – was häufig der Fall ist – privatisierte Unternehmen, an denen womöglich ausländische Investoren beteiligt sind, in ernste ökonomische Schwierigkeiten geraten. Das kann dazu führen, dass sie in staatliche Hand rücküberführt werden müssen. Werden aber Privatisierungen zurückgenommen und sind dabei Rechte ausländischer Investoren berührt, kann das ein Verstoß gegen Investitionsschutzbestimmungen sein. So existieren derzeit über 2.000 zwischenstaatliche bzw. bilaterale Investitionsschutzverträge (Bilateral Investment Treaty – BIT). Daneben sehen einige regionale (EU-Binnenmarkt, NAFTA) und interregionale Abkommen (z.B. zwischen der EU und den 77 AKP-Staaten) Investitionsbestimmungen vor. Auch unter dem Dach von OECD und Weltbank wurden einige inves-

[6] Derivate sind von zugrundeliegenden Werten wie Wechselkursen, Aktienindizes oder Zinsen abgeleitete hochspekulative Finanzinstrumente.

titionsrelevante Verträge abgeschlossen. Seit 1995 schließlich kommen die entsprechenden Abkommen der WTO hinzu, vor allem GATS und TRIMS (Trade-Related Investment Measures).

Möchte ein WTO-Mitglied Verpflichtungen im Rahmen des GATS ändern oder zurücknehmen, z.B. um Privatisierungen rückgängig machen zu können, muss es mit anderen Mitgliedern, die dies wünschen, Verhandlungen über Ausgleichsmaßnahmen aufnehmen. Scheitern diese Verhandlungen, kann das geschädigte Mitglied vor dem WTO-Schiedsgericht klagen (GATS Art. XXI). In den verschiedenen bilateralen Investitionsverträgen ist die Streitschlichtung unterschiedlich geregelt. Teils werden ad hoc-Gruppen von Experten beider Seiten gebildet, teils wird auch das ICSID (International Centre for the Settlement of Investment Disputes) genutzt, ein bei der Weltbank angesiedeltes Schiedsgericht für Investitionsstreitigkeiten. Anders als bei der WTO, wo nur Staaten Klage führen können, sehen einige BITs und das NAFTA-Abkommen die direkte Klagemöglichkeit von Unternehmen vor (»Investor-State«-Verfahren), wie es im Übrigen auch im Entwurf des 1998 gescheiterten Multilateralen Abkommens über Investitionen (MAI) vorgesehen war. Schließlich gibt es unterschiedliche Definitionen von »Enteignung«, die teilweise sehr weitreichend sein können. Manche BITs und auch das NAFTA-Abkommen erfassen Formen »indirekter Enteignungen«, aufgrund derer schon entgangene Gewinne Entschädigungsansprüche rechtfertigen können (SOMO 1999; WEED/Germanwatch 1998).

Der berüchtigte »Wasserkrieg von Cochabamba« liefert dafür ein Beispiel. Im Jahr 1999 schloss die bolivianische Stadt Cochabamba, teils auf Druck der Weltbank, einen auf 40 Jahre ausgelegten Konzessionsvertrag mit dem internationalen Konsortium »Aguas del Tunari« über die Wasserversorgung und Abwasserentsorgung ab. Angeführt wurde das Konsortium von dem US-amerikanischen Baukonzern Bechtel. Die kurz darauf einsetzenden Preissteigerungen von mehr als 100% lösten heftige Proteste aus, die zur Ausrufung des Notstands, dem Einsatz der Armee und zu einem landesweiten Generalstreik führten. Ein Jugendlicher wurde dabei erschossen, nach verschiedenen Quellen soll es sogar bis zu neun Tote gegeben haben. Aufgrund der Proteste musste der Vertrag mit Aguas del Tunari gekündigt werden, das Konsortium klagt nun auf Schadensersatz. Um Steuerzahlungen zu umgehen, hielt der Baukonzern Bechtel seine Anteile an Aguas del Tunari über die Briefkastenfirma International Water Holdings BV mit Sitz in Amsterdam. Damit kommt Bechtel aber nicht nur in den Genuss von Steuerersparnissen, sondern fällt auch unter den Schutz des bilateralen Investitionsabkommens zwischen Bolivien und den Niederlanden. Dieses wiederum sieht vor, dass ungelöste Investitionsstreitigkeiten zwischen niederländischen Unternehmen und bolivianischen Behörden an das bei der Weltbank angesiedelte Schiedsgericht ICSID überwiesen werden. Das ICSID hat diesen Fall am 25. Februar 2002 offiziell angenommen. Über die Briefkastenfirma International Water Holdings verklagte Bechtel Bolivien auf Schadensersatz in Höhe von 25 Mio US$. Das ist das Dreifache der ursprünglichen Investitionssumme. Begründung: entgangene Gewinne (Quellen: Gleick et al. 2002, Hoering 2001, CEO 2002).

Da das GATS zwar die Möglichkeit der Klage vor dem WTO-Schiedsgericht vorsieht, jedoch keine expliziten Enteignungs- oder Entschädigungsregelungen umfasst, sehen Industrie und nördliche Regierungen Handlungsbedarf. Der BDI wünscht sich z.B., dass ergänzend zum GATS ein eigenständiges, umfassendes Investitionsabkommen ausgehandelt wird: »Darüber hinaus besteht unseres Erachtens die Notwendigkeit zur Aufnahme von Verhandlungen über ein Investitionsabkommen, das alle Handelsbereiche abdeckt« (BDI 2001: 12). Das ist auch die Position der Bundesregierung. »Liberalisierungsverpflichtungen zu Modus 3 des GATS betreffen naturgemäß nur einen Teilbereich des Investitionsbereichs und ersetzen nicht die von der Bundesregierung angestrebte umfassende Regelung (insbesondere auch Regeln zum Enteignungsschutz, Entschädigungsfragen, Gewinntransfer) im Rahmen eines multilateralen Abkommens« (Bundesregierung 2001).

Auf Vorverhandlungen zu einem solchen umfassenden Investitionsabkommen haben sich die WTO-Mitglieder bei ihrer letzten Ministerkonferenz in Doha, der Hauptstadt des Emirats Qatar, geeinigt. Ob diese Verhandlungen auch fortgeführt werden, soll jedoch erst bei der Ministerkonferenz im September 2003 in Mexiko entschieden werden.

USA vs. Mexiko: Der erste GATS-Streitfall
Die mexikanische Regierung ist nicht nur Gastgeberin der kommenden Ministerkonferenz, sondern mittlerweile auch Beklagte im ersten WTO-Streitfall, der unmittelbar GATS-Verpflichtungen berührt. Am 17. April 2002 setzte das Streitbeilegungsorgan (Dispute Settlement Body – DSB) der WTO auf Antrag der USA eine Sondergruppe (Panel bestehend aus drei Handelsexperten) ein, die untersuchen soll, ob Mexiko gegen seine GATS-Verpflichtungen im Bereich der Telekommunikation verstoßen hat (Bridges Weekly, 23.4.2002). Hintergrund der US-Klage sind die Gebühren, die US-Telefonfirmen an mexikanische Netzbetreiber entrichten müssen, wenn sie Ferngespräche aus den USA in die mexikanischen Telefonnetze durchleiten wollen. Mexikos dominantes Festnetzunternehmen Telmex (Telefonos de Mexico) erhebt mit Genehmigung der mexikanischen Regulierungsbehörde Cofetel für diese Zusammenschaltung eine Gebühr von 13,5 US-Cents pro Minute – ein Preis, der nach Ansicht der Kläger 2 bis 3 mal höher ist als vergleichbare internationale Zusammenschaltungsgebühren. Telmex setzt diese Gebühr im staatlichen Auftrag auch für alle anderen Netzbetreiber in Mexiko fest, sodass jedes Telefonunternehmen in Mexiko für die Zusammenschaltung US-amerikanischer Anrufe die gleiche Gebühr erhebt. Ferner ist es ausländischen Firmen nicht möglich, Festnetzkapazitäten von mexikanischen Netzbetreibern zu leasen, um auf diesem Weg in das grenzüberschreitende oder inländische Telefongeschäft einzusteigen (WTO 2002). Die US-Klage geht auf zwei mit Worldcom bzw. AT&T verbundene Telefonfirmen zurück, Avantel und Alestra. In ihrem schon länger währenden Streit mit Telmex konnten sie bereits erreichen, dass die Zusammenschaltungsgebühren von 15,5 US-Cents im Jahr 2001 auf 13,5 US-Cents im Jahr 2002 gesenkt wurden und 2003 weiter auf 10 US-Cents fallen sollen (AP Newswire, 31.2.2002).

Nach Angaben des US-Handelsbeauftragten werden 80% der Telefonate zwischen den USA und Mexiko von den USA aus geführt, wo die Zusammenschaltungsgebühren aufgrund des Preiswettbewerbs zwischen verschiedenen Netzbetreibern wesentlich niedriger seien. Die mexikanischen Gebühren würden sich aufgrund des hohen Gesprächsaufkommens zwischen den USA und Mexiko (zweithöchste Zahl nach den Telefonaten mit Kanada) für die US-Verbraucher in jährlichen Zusatzkosten von einer halben Milliarde US$ niederschlagen (USTR 2002a).

Grundlage der US-amerikanischen Klage ist das 1998 in Kraft getretene Abkommen über Basistelekommunikation, das als eine der Anlagen rechtlicher Bestandteil des GATS ist. Dieser plurilaterale, d.h. nur von einem Teil der WTO-Mitglieder ratifizierte Vertrag wurde von 69 Ländern, darunter auch Mexiko, unterzeichnet. Er liberalisiert in erster Linie Telefonnetze und -dienste und regelt den Zugang ausländischer Unternehmen zu Übertragungstechniken vom Funk- über das Festnetz bis hin zu Satelliten (Müller/Wegmann 2000). Daneben unterzeichnete die Mehrzahl der Vertragsparteien des Telekommunikationsabkommens, so auch Mexiko, ein sogenanntes Referenzpapier, das weit in die nationalstaatliche Regelungshoheit eingreift. Das Referenzpapier umfasst sechs wettbewerbsfördernde Prinzipien für den Telekommunikationssektor (vgl. Warner 2000):

- Mechanismen zur Verhinderung wettbewerbsbeschränkender Praktiken von marktbeherrschenden (Ex-)Monopolisten, wie z.B. Quersubventionierungen oder die Zurückhaltung notwendiger technischer Informationen;
- nichtdiskriminierender und kostentransparenter Zugang zu existierenden Netzen, ohne dass ausländische Anbieter genötigt sind, für Dienste zu zahlen, die sie für die Erbringung ihres eigenen Angebotes nicht benötigen;
- transparente, nichtdiskriminierende und wettbewerbsneutrale Handhabung von Universaldienstverpflichtungen;
- transparente Lizenzierungskriterien, auf deren Grundlage Antragstellern die Gründe für eine Ablehnung dargelegt werden müssen;
- eine Regulierungsbehörde, die unabhängig von Telekommunikationsanbietern ist;
- transparente und nichtdiskriminierende Verfahren für die Zuweisung knapper Ressourcen, wie z.B. Frequenzen.

Nach Ansicht der USA hat Mexiko sowohl gegen die Bestimmungen des Telekommunikationsabkommens wie auch gegen seine Verpflichtungen aus dem Referenzpapier verstoßen. Unabhängig davon, wie der Streitfall ausgehen mag, verdeutlicht dieses Beispiel, dass das GATS nicht nur die Handels- und Investitionspolitik beeinflusst, sondern auch in die innerstaatliche

Wettbewerbspolitik eingreifen kann. Allerdings herrschen bis weit in die Reihen liberaler Ökonomen grundsätzliche Zweifel an der Vereinbarkeit der dominanten Ziele von Handels- und Wettbewerbspolitik. Die Weltbank-Mitarbeiter Bernard Hoekman und Peter Holmes beschreiben diesen Konflikt sehr plastisch: »Versuche, wettbewerbspolitische Themen auf die WTO-Agenda zu bringen, sind stark durch klassische Herstellerinteressen in den OECD-Ländern motiviert. Die Regierungen verfolgen dabei das traditionelle Ziel der ›Exportförderung‹. Wohlfahrt oder Effizienz – der hauptsächliche Fokus vieler nationaler Wettbewerbsregime – ist nicht das primäre Anliegen. (...) Vereinfacht gesagt: Handelsbeauftragte in Exportländern wollen Wettbewerbshüter in Importländern zwingen, bei der Marktöffnung behilflich zu sein.« (Hoekman/Holmes 1999).

Auf den Telekommunikationsstreit bezogen kann also gefragt werden, warum höhere Zusammenschaltungsgebühren, die Telekommunikationsmultis eines wohlhabenden Industriestaats abverlangt werden und in dem weniger wohlhabenden Schwellenland womöglich der Quersubventionierung grundlegender Dienste zugute kommen, nicht aufgrund nationaler Wohlfahrtserwägungen auch wettbewerbspolitisch gerechtfertigt sind. Ebenso kann gefragt werden, warum zwischen Ländern mit großen Unterschieden in der ökonomischen Entwicklung für bestimmte Leistungen überhaupt vergleichbare Preise gelten sollen. Die Anwendung gleicher Regeln auf Ungleiche fördert erfahrungsgemäß nicht den Ausgleich.

Mode 4 – Zeitweise Migration vs. »brain drain«

Ein besonders konfliktreicher Bereich der Uruguay-Runde war der grenzüberschreitende Personenverkehr von Dienstleistungsanbietern. Während die Industrieländer vornehmlich daran interessiert waren, Erleichterungen für den Arbeitsaufenthalt von Schlüsselpersonal und Spezialisten in Auslandsniederlassungen ihrer Konzerne sowie für Geschäftsreisende zu erwirken, forderten die Entwicklungsländer Erleichterungen für qualifizierte und weniger qualifizierte Arbeitskräfte, da sie sich aufgrund ihres niedrigeren Lohnniveaus bei arbeitsintensiven Dienstleistungen erhebliche Exportchancen versprachen. Indien forderte, dass der zeitweilige Aufenthalt dieser Arbeitskräfte nicht von dem Bestehen von Auslandsniederlassungen abhängig gemacht werden darf. Dienstleistungsunternehmen aus Entwicklungsländern sind häufig nicht in der Lage, die hohen Kosten der Gründung einer ausländischen Niederlassung aufzubringen. Hinzu kommt, dass in vielen Ländern der befristete Aufenthalt nicht vom permanenten Aufenthalt unterschieden wird, sodass kurzfristige Dienstleistungserbringer unter die Einwanderungs- und Arbeitsgesetze des jeweiligen Landes fallen (Koehler 1999: 189).

Die Vertragsparteien einigten sich schließlich auf einen GATS-Anhang zum grenzüberschreitenden Verkehr natürlicher Personen, in dem festgelegt wird, dass die Mitgliedsstaaten über spezifische Verpflichtungen verhandeln können, »die den grenzüberschreitenden Verkehr aller Kategorien von natürlichen Personen betreffen«. Allerdings wird auch klargestellt, dass das Übereinkommen sich nicht auf Maßnahmen erstreckt, die den Zugang zum Arbeitsmarkt, die Staatsangehörigkeit, den Daueraufenthalt oder die Dauerbeschäftigung betreffen. Mithin betrifft es zunächst nur den befristeten Aufenthalt von Dienstleistungserbringern, zu der jeweiligen Dauer werden aber keine Angaben gemacht. Im Anhang wird das souveräne Recht der Mitglieder anerkannt, diesen Bereich eigenständig zu regeln, »jedoch dürfen solche Maßnahmen nicht auf eine Weise angewendet werden, dass sie die Handelsvorteile, die einem Mitglied aufgrund der Bedingungen einer spezifischen Verpflichtung zustehen, zunichte macht oder schmälert« (GATS 1994, Anlage zum grenzüberschreitenden Verkehr natürlicher Personen, in: Amtsblatt der Europäischen Gemeinschaften 1996 L 167).

Noch vor Abschluss der Uruguay-Runde im April 1994 einigten sich die Vertragsparteien auf Zusatzverhandlungen zum Personenverkehr, die sich auf die spezifischen Verpflichtungslisten der WTO-Mitglieder konzentrierten und im Juli 1995 abgeschlossen wurden. Im Ergebnis haben nunmehr fast alle WTO-Mitglieder – allerdings unterschiedlich weitreichende – horizontale Liberalisierungsverpflichtungen für diese vierte Erbringungsart übernommen. Anhand der Verpflichtungslisten lassen sich fünf unterschiedliche Kategorien von natürlichen Personen unterscheiden (Koehler 1998: 217f.):

- *Geschäftsreisende (business visitors):* Sie reisen ein, um Verträge anzubahnen oder abzuschließen, die eine Dienstleistungserbringung nach sich ziehen, wobei die Geschäftsreisenden nicht selbst die Erbringer sind. Bei dieser Kategorie wird meist eine Aufenthaltsdauer zwischen drei und sechs Monaten eingeräumt.

- *Personen, die zum Aufbau von Niederlassungen einreisen:* Sie reisen im Auftrag eines ausländischen Unternehmens ein, um eine Niederlassung zu errichten. Auch sie erbringen nicht selbst Dienstleistungen im Gastland. Dabei muss es sich um Führungskräfte handeln, wobei deren Definition schwankt. Die WTO-Mitglieder gewähren sehr unterschiedliche maximale Aufenthaltsfristen, die von drei Monaten bis zu zwei Jahren reichen können.
- *Innerbetrieblich versetzte Beschäftigte in Auslandsniederlassungen (intra-corporate transferees):* Diese Kategorie bezieht sich entweder auf Führungskräfte (Anteilseigner, Geschäftsführer) oder auf Beschäftigte, die über »ungewöhnliche Kenntnisse« verfügen, mithin Spezialisten. Die Verpflichtungslisten enthalten keine Beschränkungen bezüglich der erlaubten Tätigkeiten, sodass diese Personen selbst im Gastland Dienstleistungen erbringen dürfen. Die Listen enthalten aber Restriktionen, die sicherstellen sollen, dass der Zugang dem Schlüsselpersonal vorbehalten bleibt, wobei es allerdings keine Auflagen hinsichtlich von Mindestlöhnen gibt. Die maximale Aufenthaltsdauer reicht hier von zwei bis fünf Jahren, kann jedoch durchweg auch verlängert werden.
- *Spezialisten:* Diese Personen unterscheiden sich von den innerbetrieblich versetzten Spezialisten darin, dass sie vor der Einreise ins Gastland nicht schon Beschäftigte eines Dienstleistungsunternehmens gewesen sein müssen. Sie reisen ein, um für inländische Unternehmen tätig zu werden, wobei noch vor Erteilung der Aufenthaltserlaubnis ein Beschäftigungsvertrag vorgewiesen werden muss. Ferner sehen einzelne GATS-Mitglieder Beschränkungen hinsichtlich der fachlichen Qualifikation, des möglichen Angebotes heimischer Fachkräfte desselben Gebietes oder Quotenregelungen vor. Die maximale Aufenthaltsdauer beläuft sich teils auf zwei, teils auf drei Jahre, wobei u.U. Verlängerungen gewährt werden. In dieser Kategorie haben nur sehr wenige Staaten Verpflichtungen übernommen, darunter ist Australien das einzige Industrieland.

- *»Dreimonatspersonen« (contractual service suppliers):* Hierbei handelt es sich um Beschäftigte eines Unternehmens, das keine Niederlassung in dem Land unterhält, in dem eine Leistung erbracht werden soll. Hierzu hat das Unternehmen einen Vertrag über die Erbringung dieser Dienstleistung nachzuweisen, wobei die Auftragserfüllung drei Monate nicht überschreiten darf. Nur in zwei Länderlisten gibt es diesbezügliche Verpflichtungen, in der Schweiz und in der EU. Die EU hat die Bindungen aber auf 17 Sektoren begrenzt. Deutschland übernahm Verpflichtungen für die Sektoren Rechtsberatung, Wirtschaftsprüfung, Werbung, Managementberatung, technische Tests und Analysen, Reisebüros und Reiseleitung sowie Baustellenuntersuchung und -vermessung. Es handelt sich dabei mehrheitlich um Sektoren, die höhere Qualifikationen bis hin zum Hochschulabschluss voraussetzen. Lediglich bei den projektvorbereitenden Baustellenuntersuchungen und -vermessungen sind auch Bauhandwerker einsetzbar.

Zusammenfassend ist festzustellen, dass fast alle Industriestaaten Bindungen bei den ersten drei Kategorien eingegangen sind, bei den Spezialisten und Dreimonatspersonen jedoch nur sehr wenige. Entwicklungsländer haben fast ausschließlich Verpflichtungen beim innerbetrieblich versetzten Schlüsselpersonal übernommen. Ferner machen sie eine Reihe von Auflagen, die ihren spezifischen Entwicklungsinteressen Rechnung tragen. Dazu gehören die Pflicht einreisender »intra-corporate transferees«, das einheimische Personal zu schulen, Quotenregelungen für die Zahl ausländischer Mitarbeiter, die in einer Niederlassung beschäftigt werden dürfen, sowie Angaben über den maximal zulässigen Anteil der gesamten Gehälter, der an die ausländischen Arbeitskräfte gezahlt werden darf (Koehler 1999: 218f.).

Für die neue GATS-Verhandlungsrunde legte Indien einen Verhandlungsvorschlag vor, der u.a. die Ausweitung der sektorübergreifenden horizontalen Verpflichtungen auf Arbeitskräfte mit mittleren und niedrigeren Qualifikationen forderte. Ferner werden klare Kriterien für die Anwendung von Arbeitsmarktprüfungen und anderen wirtschaftlichen Bedarfstests gefordert, da diese den befristeten Aufenthalt von Arbeitskräften behindern. Zusätzlich zu den derzeitigen horizontalen Verpflichtungen sollen auch sektorspezifische Bindungen eingegangen werden. Ergänzend könnten nach dem indischen Vorschlag spezifische GATS-Visa für diejenigen Kategorien von Dienstleistern eingeführt werden, bei denen allgemeine oder zukünftige spezifische Verpflichtungen bestehen. Des Weiteren sollten Entwicklungsländer erleichterte Möglichkeiten zum Abschluss von gegenseitigen Anerkennungsabkommen im Bereich der Berufsqualifikationen bekommen. Schließlich kritisiert Indien die in vielen Zielländern geforderte Einhaltung der Lohnparität, die den Kostenvorteil beim Export arbeitsintensiver Dienstleistungen zunichte mache. Indien fordert daher u.a. eine Befreiung von der Pflicht, die Sozialversicherungsbeiträge des Gastlandes zu zahlen, wenn die entsprechenden Leistungen nach Rückkehr der Migranten nicht in Anspruch genommen werden können (WTO 2000d).

Für viele Entwicklungsländer haben die Überweisungen ihrer Arbeitsmigranten sehr große Bedeutung. So waren die Rücküberweisungen, die Indien 1996 erhielt (7,6 Mrd. US$), dreimal so hoch wie die Netto-Direktinvestitionen desselben Jahres (WTO 1998a). In Ägypten überstiegen sie den Wert sämtlicher Güterexporte. Teilweise erreicht die Gesamtsumme der Rücküberweisungen vergleichbare Größenordnungen wie die weltweit geleistete öffentliche Entwicklungshilfe (in den 1990er Jahren rund 50 Mrd. US$), allerdings sind diese Daten sehr schwer messbar (Ghosh 1997).

Zugleich gilt es aber den »brain drain« aus Entwicklungsländern zu berücksichtigen, welcher als besonders gravierend bei qualifizierten Arbeitskräften angesehen wird. Diese kommen relativ leichter im Norden unter, ihnen wird auch eher ein permanenter Aufenthalt gewährt. Dies ist z.B. besonders problematisch bei qualifiziertem Personal im Gesundheitswesen. Während noch in den 1960er Jahren die im Ausland arbeitenden Ärzte mehrheitlich aus Industrieländern kamen, stammen heute nach Schätzungen der UNCTAD 56% aller weltweit emigrierten Mediziner aus Entwicklungsländern, meist aus Asien. Daneben ist es aufgrund von Engpässen in den nationalen Gesundheitssystemen Europas, der USA und des Mittleren Ostens immer wieder zu Anwerbewellen von Krankenschwestern in aller Welt gekommen. Der ökonomische Nutzen für die entsendenden Länder wird dabei in erster Linie bei befristeten Auslandseinsätzen als positiv eingeschätzt, vor allem wenn auswärts erworbene Qualifikationen nutzbringend im Herkunftsland angewandt werden können. Je länger aber der Auslandseinsatz dauert, umso empfindlicher schlägt sich der Mangel an qualifiziertem Personal im Inland nieder, und umso geringer fallen auch die Rücküberweisungen ihrer emigrierten Arbeitskräfte aus. Die ärmsten Länder jedoch werden durch den »brain drain« nach Einschätzung der UNCTAD »am stärksten gestraft, da es ihnen nicht möglich ist, die entstandenen Lücken wieder zu füllen« (UNCTAD 1997).

Für die Gewerkschaften ist die Liberalisierung grenzüberschreitender Personenbewegungen ein sensibles Thema. Entsprechend werden Vorbedingungen für weitere Verpflichtungen der EU beim grenzüberschreitenden Personenverkehr gestellt. Der DGB fordert u.a. die Einhaltung der ILO-Kernarbeitsnormen durch Entsendefirmen, die Einhaltung inländischer Lohn- und Arbeitsbedingungen, d.h. eine Ausweitung der europäischen Entsenderichtlinie auf das GATS. Ferner sollen Entsendekräfte Arbeitnehmerrechte im Arbeitsland in Anspruch nehmen können, ohne dass ihnen nach der Rückkehr Sanktionen drohen (DGB 2001).

Positionen der Entwicklungsländer in der GATS-Runde

Im Vorfeld der ersten Bestandsaufnahme für die GATS 2000-Verhandlungen unterbreiteten die EU, die USA und andere Industrieländer Vorschläge, die eine grundlegende Änderung des GATS-Liberalisierungskonzeptes bezweckten. Der »bottom-up«-Ansatz, der in Form der Positivlisten nur sektorale Liberalisierungen erlaubt, sollte demnach überwunden werden, um zu umfassenderen Verpflichtungen zu kommen. Stattdessen wurden für den Verhandlungsmodus u.a. ein Negativlisten-Ansatz, die Anwendung sektorübergreifender »horizontaler Formeln« oder die Liberalisierung größerer Cluster nahe verwandter Sektoren vorgeschlagen. Die Entwicklungsländer optierten jedoch mehrheitlich für die Beibehaltung der jetzigen flexiblen Struktur des GATS, die ihnen eine stärker an nationalen Bedürfnissen orientierte selektive Marktöffnung erlaubt. In den Verhandlungsrichtlinien, auf die sich die Unterhändler im März 2001 einigten, wird der schon beim Zustandekommen des GATS praktizierte »request-offer«-Ansatz allerdings nur als der hauptsächliche Verhandlungsmodus beschrieben, d.h. andere Techniken sind nicht grundsätzlich ausgeschlossen. Nach längerem Tauziehen gelang es den Entwicklungsländern, den US-Vorschlag nach einem Stillhalteabkommen zu kippen. Ein solches Abkommen hätte es den WTO-Mitgliedern untersagt, für die Dauer der GATS-Verhandlungen Maßnahmen zu ergreifen, die den Zugang zu ihren Dienstleistungsmärkten beeinträchtigt hätten (WTO Reporter 2001).

Ferner gibt es Forderungen, die aus spezifischen Schwächen des GATS-Vertrages resultieren. Anders als im GATT (General Agreement on Tariffs and Trade) ist im Dienstleistungsabkommen keine Sonderbehandlung armer Länder (»special and differential treatment«) enthalten. Außerdem fehlt eine verbindliche Regelung über die zeitlich befristete Rücknahme von Liberalisierungsverpflichtungen bei Notständen (»emergency safeguard measures«). Zwar schreibt Artikel X des GATS weitere Verhandlungen zu Notstandsmaßnahmen vor, bis heute ist es jedoch zu keiner Einigung gekommen. Während die Entwicklungsländer sich für eine verbindliche Notstandsklausel einsetzen, so die ASEAN-Länder mit einem eigenen Verhandlungsvorschlag (vgl. WTO 2000e), stehen die Industriestaaten einem solchen Mechanismus ablehnend gegenüber. Sie verweisen auf die ihrer Ansicht nach hinreichende Flexibilität des GATS. Einer der Gründe für ihre Vorbehalte hängt mit der GATS Erbringungsart 3 (kommerzielle Präsenz) zusammen, denn die Anwendung einer Notstandsklausel könnte u.U. die Enteignung ausländischer Niederlassungen bedeuten.[7]

Ferner setzen sich Entwicklungsländer dafür ein, dass ihnen in der laufenden GATS-Runde Kredit für Liberalisierungen eingeräumt wird, die sie unabhängig von WTO-Bestimmungen seit Abschluss der Uruguay-Runde gewährt haben. So wurden viele Entwicklungsländer im Zusammenhang mit Strukturanpassungsprogrammen des IWF oder der Weltbank genötigt, weitreichende Marktöffnungen vorzunehmen. Das GATS sieht in seinem Arti-

---

[7] Besteht jedoch ein bilaterales Investitionsschutzabkommen (BIT) zwischen Herkunfts- und Gastland eines Investors, könnte dieser bei Verletzung seiner Rechte durch das Gastland wie beschrieben vor dem in dem jeweiligen BIT vorgesehenen Schiedsgericht klagen.

kel XIX (3) zwar vor, dass im Zusammenhang mit der Erarbeitung von Leitlinien für die GATS-Verhandlungen auch festzulegen ist, wie die Frage dieser »autonom getroffenen Liberalisierungsmaßnahmen« behandelt werden soll. Jedoch ist es bisher in diesem Punkte zu keiner Einigung gekommen (International Trade Daily, 27.3.2002).

Der genannte GATS Artikel XIX (3) sieht ebenfalls vor, dass die WTO eine Bewertung des Dienstleistungshandels im Hinblick auf die Ziele des GATS vornehmen soll, u.a. hinsichtlich des im Artikel IV niedergelegten Ziels einer zunehmenden Beteiligung der Entwicklungsländer am Welthandel. Zu einer umfassenden Bewertung (»Assessment«) ist es bisher allerdings nicht gekommen. Es liegt nur eine begrenzte Zahl an Literaturstudien seitens des WTO-Sekretariats vor. Ernstzunehmende Folgeabschätzungen des Dienstleistungshandels müssten unabhängig von WTO und internationalen Finanzinstitutionen durchgeführt werden und hätten neben quantitativen vor allem auch qualitative Aspekte zu berücksichtigen. Eine Reihe von WTO-Mitgliedern, darunter Peru, Pakistan und Kuba, fordert zudem, dass derartige Untersuchungen vor der Übernahme neuer Marktöffnungsverpflichtungen durchgeführt werden sollen (Bridges Weekly, 26.3.2002).

6. Potenzielle Folgen weiterer GATS-Liberalisierungen

Das GATS ist ein internationales Rahmenwerk für den grenzüberschreitenden Handel mit Dienstleistungen und die Art und Weise ihrer Erbringung. Es kann verschiedenste Auswirkungen auf die nationale Regulierung in den Industrie- und – vermutlich in noch stärkerer Weise – in den Entwicklungsländern haben. Für die Beurteilung möglicher Folgen des GATS muss berücksichtigt werden, dass es sich vor allem um ein Rahmenwerk für weitere Verhandlungen handelt. Daher ist der Prozesscharakter dieses Abkommens besonders zu betonen. Daneben ist die Dienstleistungsliberalisierung im Kontext des GATS eingebettet in weitere Liberalisierungsebenen, die untereinander verschiedene Wechselwirkungen entfalten können.

Vor dem Hintergrund der in einigen Sektoren schon recht weit vorangeschrittenen europäischen Binnenmarktliberalisierung stellt sich die Frage, wie zukünftige GATS-Verpflichtungen auf die nationale Regulierungsebene in Deutschland durchgreifen können. Das GATS eröffnet Exporteuren außerhalb der EU die Möglichkeit, auf Zugänge zum europäischen Markt zu drängen. Dabei müssen die Binnenmarktprivilegien nicht generell auf Anbieter aus Drittländern ausgeweitet werden, dieses regelt der GATS-Artikel V über wirtschaftliche Integrationsabkommen. Es bestehen aber schon jetzt vielfältige Liberalisierungsverpflichtungen seitens der EU, die im Zuge der weiteren GATS-Verhandlung sukzessive ausgeweitet werden können. Dabei könnten Bereiche durch Drittstaaten herausgefordert werden, die im Europäischen Binnenmarkt noch nicht oder nur zum Teil liberalisiert sind. Das Beispiel der audiovisuellen Dienstleistungen verdeutlicht dies. Während der Uruguay-Runde kritisierten die USA vehement die Mindestquoten europäischer Länder für heimische Medienprodukte. Die EU übernahm damals keine Verpflichtungen, was z.B. die Filmförderung oder die Länderkompetenzen bei der Rundfunkgesetzgebung in der Bundesrepublik absichert. Das Beispiel zeigt zudem, dass ein besonderer Druck auf die nationale Ebene von denjenigen Drittlandsanbietern ausgeht, die wettbewerbsfähiger sind als europäische Anbieter (siehe auch die sehr wettbewerbsfähigen US-amerikanischen Expresskurierdienste).

Die über das GATS mögliche Marktöffnung für Bildungsdienstleistungen kann ebenfalls unabhängig von Binnenmarktbestimmungen erfolgen. In der EU sind Grundfreiheiten und Wettbewerbsregeln nicht auf staatliche Bildungssysteme anwendbar, solange mit der Erbringung der Bildungsdienstleistungen kein wirtschaftlicher Zweck verfolgt wird (Europäische Kommission 2000: 13). Das heißt aber nicht, dass es den EU-Mitgliedern nicht möglich ist, verstärkt private Anbieter, z.B. in der Erwachsenenbildung oder der beruflichen Weiterqualifizierung, aus Drittstaaten auf den Markt zu lassen. Derartige Marköffnungsangebote könnten sehr wohl von der Bundesrepublik über die EU-Kommission in die GATS-Verhandlungen eingebracht werden.

Die multilaterale Ebene des GATS kann des Weiteren durch nationale Akteure strategisch eingesetzt werden, um nationale Regelungen herauszufordern. Die Forderungen deutscher, europäischer, US-amerikanischer und japanischer Dienstleistungskonzerne zur Ermöglichung von grenzüberschreitenden Personenbewegungen gleichen sich weitgehend. Deutsche Dienstleistungsunternehmen können daher gemeinsam mit internationalen Lobbynetzwerken nationale Auflagen zum grenzüberschreitenden Personenverkehr in Frage stellen und sich dabei sämtlicher Regulierungsebenen bedienen: der bilateralen oder transatlantischen Ebene (z.B. durch das Lobbying für gegenseitige Anerkennungsabkommen), der regionalen Ebene des Europäischen Binnenmarkts (z.B. durch das Eintreten für eine Ausweitung der Freizügigkeit auf Beitritts- und andere assoziierte Länder) sowie der multilateralen Ebene des GATS. Auf allen diesen Ebenen ist die Dienstleistungsindustrie mit spezifischen Verbandsstrukturen präsent. Zudem besteht die Möglichkeit, einen auf der nationalen und der EU-Ebene nicht lösbaren Interessenkonflikt, z.B. Wünsche von Regierungen zur Lockerung bestehender Arbeitsnormen, durch das Eingehen entsprechender Liberalisierungsverpflichtungen im Rahmen des GATS zu »lösen«.

Das GATS und die Dienstleistungsliberalisierung innerhalb der EU können insofern als sich ergänzende Ebenen verstanden werden. So können Lücken bei der Binnenmarktliberalisierung, d.h. Bereiche mit stärkerer staatlicher Regulierung, über den Weg der GATS-Verhandlungen unter Druck geraten. Etwaige nationale Forderungen nach Rücknahme von Liberalisierungen (und seien diese auch nur zeitlich befristet) können zukünftig durch Verweis auf GATS-Verpflichtungen abgewiesen werden. Eine wesentliche Funktion dieses Abkommens wird daher auch darin gesehen, Liberalisierungsfortschritte, die auf bilateraler oder regionaler Ebene erzielt wurden, zu multilateralisieren und festzuschreiben. Eine Wiedergewinnung staatlicher Regelungskompetenzen ist nach einmal erfolgter Festschreibung im Prinzip nicht vorgesehen. Im Gegenteil: Das GATS-Konzept der fortschreitenden Liberalisierung sieht eine sukzessive Ausweitung von Marktöffnungsverpflichtungen vor.

Wie das European Services Forum im Zusammenhang mit der Liberalisierung der grenzüberschreitenden Personenbewegungen feststellte, könnten entsprechende GATS-Regelungen wechselseitige Überprüfungsprozesse zwischen den WTO-Mitgliedern vorschreiben »und damit den Spielraum für politisch motivierte Debatten auf der nationalen Ebene verringern« (ESF 2000). Tatsächlich liegt eine wesentliche Gefahr der GATS-Bestimmungen darin, wechselseitigen »peer pressure« (Gruppendruck) zu stimulieren und darüber innenpolitische Handlungsspielräume zu begrenzen. Ein wichtiger Mechanismus ist in diesem Zusammenhang die GATS-Anforderung der Transparenz über innerstaatliche Regelungen. Ein erster wichtiger Schritt in diese Richtung wurde mit den Länderlisten spezifischer Verpflichtungen geschaffen, denn diese legen das jeweilige nationale Außenhandelsregime – wenn auch nur im Ansatz – offen. Des Weiteren handelt es sich bei den Länderlisten um völkerrechtlich verbindliche »standstill«-Verpflichtungen. Wird das Außenhandelsregime z.B. durch Gesetzesnovellierungen restriktiver ausgestaltet, liegt ein Verstoß gegen bindendes Völkerrecht vor (Koehler 1999: 236). Hinzu kommen die Notifizierungsanforderungen des GATS, die dazu führen können, dass neue nationale Regelungen bis hin zu Gesetzesvorhaben schon im Entwurfsstadium mit interessierten WTO-Mitgliedern diskutiert werden müssten.

Zweifelhaft ist, ob Restriktionen für die nationale Regulierungsebene durch spezifische Schutzmechanismen verhindert werden können. Ob beispielsweise die auch von Gewerkschaften geforderte Schutzklausel bei Markt- oder Arbeitsmarktstörungen, die die zeitlich befristete Aussetzung von Verpflichtungen ermöglichen soll, im Konfliktfall angewendet wird, hängt von verschiedenen Bedingungen ab. Zum einen muss der innenpolitische Problemdruck durch die Marktstörungen hoch genug sein. Zum anderen verlangt die nationale Anwendung einer solchen Schutzklausel das Einvernehmen mit den übrigen EU-Staaten.

Für die EU-Mitgliedsstaaten kommt als besonderes Problem hinzu, dass sich die sehr hohe Binnenmarktliberalisierung mancher Sektoren in den GATS-Verhandlungen als zusätzliches Risiko erweisen kann. Wenn die Kommission mit Verweis auf eigene Liberalisierungsfortschritte entsprechend hohe Forderungen an Drittstaaten stellt, werden diese weitreichende Forderungen an die EU stellen, was bei entsprechenden Zugeständnissen den Wettbewerbsdruck auch in bisher geschützten Bereichen erhöhen kann.

Ferner stellt das GATS einen Verhandlungsrahmen dar, der nicht nur multilaterale Verpflichtungen zum Ziel hat, sondern gerade auch bi- und plurilaterale Abkommen ermöglicht. Die plurilateralen Abkommen zu Basistelekommunikation und Finanzdienstleistungen wurden vor allem von wettbewerbsstarken Ländern wie den EU-Mitgliedern vorangetrieben. Die EU-Kommission propagiert denn auch immer wieder Vorschläge für weitere plurilaterale Abkommen unter dem GATS. Die bisherigen »plurilaterals« sind zudem in erstaunlich kurzer Zeit von zum Teil ein bis zwei Jahren zustande gekommen.

Für die nationale Regelungskompetenz innerhalb der EU kommt erschwerend hinzu, dass die Europäische Kommission beständig mit den Mitgliedsstaaten darum ringt, ihre Kompetenzen zu erweitern. Zwar ist die europäische Außenhandelspolitik bereits vergemeinschaftet, jedoch gibt es noch einige wenige nationale Mitbestimmungsmöglichkeiten. Bei der Regierungskonferenz im Dezember 2000 in Nizza wurde der Artikel 133 des EG-Vertrags neu gefasst. Danach beschließt der Ministerrat über die Annahme von Handelsabkommen grundsätzlich mit qualifizierter Mehrheit, d.h. einzelne Mitglieder haben keine Vetomöglichkeit. Grundsätzlich fallen diese Entscheidungen auch nicht in die sogenannte gemischte Zuständigkeit, d.h. es ist keine zusätzliche nationale Ratifizierung vorgesehen. Ausnahmen gelten aber für kulturelle und audiovisuelle Dienstleistungen, Bildung, Soziales und Gesundheit (vgl. dazu Kapitel 8).

Spezifische Risiken für die Entwicklungsländer

Die Entwicklungsländer haben einige spezifische Risiken der Dienstleistungsliberalisierungen zu tragen. So lassen sich die noch zu entwickelnden Auflagen für die innerstaatliche Regulierung (»domestic regulation«, GATS Artikel VI) womöglich nur abwehren, wenn bereits regulatorische Strukturen und Kompetenzen existieren. Dies ist allerdings in vielen Ländern nicht im notwendigen Maße der Fall. Diese mangelhaften Aufsichts- und Regulierungskapazitäten können sich darüber hinaus bei den durch fortschreitende Liberalisierungen forcierten Privatisierungen negativ niederschlagen. Zwar verweisen internationale Institutionen immer wieder auf die Notwendigkeit effektiver Aufsichtsbehörden, um ökonomische und soziale Verwerfungen im Zuge von Privatisierungsprozessen zu vermeiden, setzen aber dennoch in vielen Ländern Privatisierungen auch in Kenntnis der häufig unzureichenden Regulierungsmöglichkeiten durch.

Besonders kritisch können sich schließlich die GATS-Bestimmungen über die kommerzielle Präsenz und der Versuch, ein umfassendes Investitionsabkommen in der WTO zu verankern, auswirken. Das starke Interesse vieler Länder, sich als attraktiver Investitionsstandort zu präsentieren, schwächt ihre Position, wenn es darum geht, für die eigene Entwicklung kontraproduktive Investitionsregeln in der WTO zu verhindern. Wie weit es gelingen wird, die vielfach durchaus sinnvollen nationalen Investitionsauflagen gegen die Zumutungen von WTO und GATS zu verteidigen, wird sich womöglich schon bei der nächsten Ministerkonferenz in Mexiko zeigen. Die Chancen hierfür könnten auch durch eine intensivere Diskussion über eine alternative globale Investitionsordnung jenseits der WTO beeinflusst werden.

Ungewiss ist ferner, inwieweit die zentrale Forderung der Regierungen von Entwicklungsländern, die grenzüberschreitenden Personenbewegungen von Dienstleistungserbringern weiter zu liberalisieren, sich unter dem Strich positiv auswirkt. Fraglich ist, ob die Rücküberweisungen von Migranten den permanenten Mangel an Fachkräften im Heimatland kompensieren können. Dieser Mangel drückt sich besonders empfindlich in den Basisdiensten Bildung und Gesundheit aus und dürfte daher Bemühungen der Armutsbekämpfung auch zukünftig nicht erleichtern.

Mit der Übernahme weiterer GATS-Verpflichtungen kann sich des Weiteren das Risiko der ohnehin in immer kürzeren Zeitabständen auftretenden Finanzkrisen noch erhöhen. Die GATS-Bestimmungen zum Zahlungs- und Kapitalverkehr beschränken grundsätzlich die Möglichkeit der Verhängung von Kapitalverkehrskontrollen. Versuche, den unbeschränkten Kapitalverkehr zu einem Prinzip zu erheben, das unabhängig von der Übernahme sektorspezifischer GATS-Verpflichtungen zur Anwendung kommt, würden diese Situation noch verschärfen. Das GATS entwickelt sich in gewisser Weise zu einem ergänzenden Transmissionsriemen für Strukturanpassungen, die sonst eher mit den Kreditprogrammen der internationalen Finanzinstitutionen (IWF, Weltbank und Regionale Entwicklungsbanken) verknüpft sind.

Schließlich resultieren besondere Risiken der Entwicklungsländer aus ihrer strukturellen Benachteiligung. Sie verfügen nicht über genügend Ressourcen, um in angemessener Weise an den GATS-Verhandlungen teilzunehmen. Dadurch besteht die Gefahr, dass auch zukünftige GATS-Regelungen, z.B. über innerstaatliche Regulierung, in erster Linie entsprechend den Bedürfnissen der Industriestaaten ausformuliert werden. Inwieweit diese Entwicklung durch verbesserte Beteiligungsmöglichkeiten sowie größere interne und externe Transparenz der WTO-Verhandlungen verändert werden kann, bleibt ebenfalls abzuwarten.

7. Die Kritiker des GATS

Mittlerweile haben sich zahlreiche Kritiker der GATS-Verhandlungen zu Wort gemeldet, darunter Gewerkschaften, Nichtregierungsorganisationen, Berufsverbände, Studierendengruppen, verschiedene soziale Bewegungen und nicht zuletzt auch einige Parlamentarier.

Gewerkschaften

Auf gewerkschaftlicher Seite gibt es eine ganze Reihe von Fallstudien und Stellungnahmen zu den GATS-Verhandlungen sowohl von internationalen Dachverbänden und verschiedenen Berufssekretariaten wie auch von nationalen Dachorganisationen und Einzelgewerkschaften.

Die bisher umfassendste Erklärung stammt vom internationalen Netzwerk »Global Unions«, dem der Internationale Bund Freier Gewerkschaften (IBFG) sowie eine Reihe internationaler Berufssekretariate angehören, darunter aus dem Dienstleistungsbereich u.a. Public Services International (PSI), Education International (EI) und Union Network International (UNI). Die Global Unions Erklärung zu den GATS-Verhandlungen vom Juni 2002 fordert, dass öffentliche Dienste, und hier vor allem Bildung, Gesundheit und Versorgungsunternehmen, kein Gegenstand von Verhandlungen werden. Die Freiheit zur innerstaatlichen Regulierung dürfe nicht unterminiert werden. Gegebenenfalls müsse der »Notwendigkeitstest« abgeschafft werden. Auch nachdem die Mitgliedsstaaten GATS-Verpflichtungen eingegangen sind, sollen sie das Recht behalten, »die Rolle des öffentlichen Sektors in ihren Dienstleistungssektoren auszuweiten, ohne ein WTO-Streitschlichtungsverfahren zu riskieren oder in anderen Sektoren Kompensationen anbieten zu müssen« (Global Unions 2002). Daher soll in das GATS-Abkommen »eine Klausel eingefügt werden, die alle GATS-Verpflichtungen von der WTO-Streitschlichtungsmaschinerie ausnimmt, bei denen der öffentliche Sektor betroffen ist« (ebd.). Ferner soll eine Sicherheitsklausel zur befristeten Aussetzung von Verpflichtungen eingefügt und die Hoheitsklausel des Artikels 1.3 (b) dahin gehend präzisiert werden, dass öffentliche Dienste vor Wettbewerb geschützt werden dürfen. Schließlich fordert Global Unions, dass die bisher fehlende Untersuchung der sozialen, ökologischen und ökonomischen Auswirkungen des GATS unverzüglich in Angriff genommen wird. Bei den Verhandlungen über die kommerzielle Präsenz (Mode 3) sollen die Interessen von Entwicklungsländern vollständig berücksichtigt, direkte Klagemöglichkeiten von Unternehmen ausgeschlossen und die Einhaltung der Kernarbeitsnormen sichergestellt werden. Beim befristeten Arbeitseinsatz im Ausland (Mode 4) sollen die Rechte von Wanderarbeitnehmern geschützt sowie Kernarbeitsnormen, innerstaatliche Arbeitsgesetze und geltende Tarifverträge respektiert werden. Schließlich klagt Global Unions Transparenz und Beteiligung ein. Vor allem sollen die Marktöffnungsforderungen- und angebote veröffentlicht und einem demokratischen Dialogprozess unterzogen werden (ebd.).

Der IBFG (2001) und die Berufssekretariate Education International (EI), Public Services International (PSI) und UNI waren mit teils ähnlichen Stellungnahmen schon vorher an die Öffentlichkeit getreten (vgl. IBFG 2001; EI/PSI 1999 und 2000; UNI 2000). Auf europäischer Ebene hat der Europäischer Gewerkschaftsbund (EGB) eine ad hoc-Gruppe zu den GATS 2000-Verhandlungen eingerichtet. Der EGB versucht aber auch auf die Binnenmarktpolitik im Bereich der Leistungen der Daseinsvorsorge Einfluss zu nehmen und hat dazu u.a. Ende 1998 eine Europäische Charta über öffentliche Dienste vorgestellt (ETUC 1998; ETUC et al. 2001).

Schließlich lässt sich auch in der Bundesrepublik eine zunehmende Sensibilisierung für die GATS-Verhandlungen feststellen und zwar sowohl von Seiten des DGB als auch von Einzelgewerkschaften wie ver.di, IG BAU und GEW (vgl. DGB 2002; ver.di 2002, GEW 2002). Ferner wurden im Auftrag der Hans-Böckler-Stiftung im Rahmen einer Vorstudie die Folgen der GATS-Verhandlungen für Arbeitnehmer skizziert (Fritz/Scherrer 2002). Die Max-Träger-Stiftung ließ ein Gutachten zu den GATS-Verhandlungen im Bildungsbereich (Scherrer/Yalçin 2002) erstellen.

Die DGB-Gewerkschaften fordern die Einhaltung folgender Ordnungsprinzipien bei der Dienstleistungsliberalisierung (DGB 2001):

- Eine weitere schrittweise Liberalisierung von Telekommunikations- und Postdiensten wird nur bei Berücksichtigung des Universaldienstprinzips befürwortet. Das Universaldienstprinzip soll zudem auf den elektronischen Handel ausgeweitet werden.
- Bei den Transportdienstleistungen wird eine stärkere Berücksichtigung von Umwelt- und Sozialstandards gefordert.
- Kritisch wird die Privatisierung in der Abfall- und Wasserwirtschaft beurteilt, da diese vielfach zu einem Unterlaufen von Arbeitsschutz- und Umweltstandards geführt hat. Einer Liberalisierung des Wassermarktes wird eine Absage erteilt, solange der Gewässerschutz nicht mit marktwirtschaftlichen Interessen kompatibel ist.
- Solange es keine öffentliche Diskussion über die Ziele der GATS-Liberalisierung im Bildungssektor gegeben hat, soll dieser Bereich aus den Dienstleistungsverhandlungen herausgenommen werden.
- Bei Gesundheitsdienstleistungen muss nach Ansicht der DGB-Gewerkschaften der Vorbehalt der nationalen Regelungskompetenz bestehen bleiben. Der allgemeine, freie und im Wesentlichen kostengünstige Zugang zu den Gesundheitsdienstleistungen dürfe nicht eingeschränkt werden. Nationale Standards, Qualifizierungs- und Lizenzierungsauflagen dürfen nicht automatisch als Handelshemmnisse gelten.
- Die Marktöffnung beim öffentlichen Beschaffungswesen seitens der EU soll an die Einhaltung dreier ILO-Konventionen (94, 95, 98) gekoppelt werden und ein diese Kriterien einhaltendes zukünftiges europäisches Vergaberecht ein Maßstab für das entsprechende WTO-Abkommen sein.
- Die Niederlassungsfreiheit solle an die Einhaltung der ILO-Kernarbeitsnormen geknüpft werden. Ferner sollen die WTO-Mitglieder weiter die Möglichkeit haben, die Identität der Besitzer von Niederlassungen sowie die Qualifikationen der Mitarbeiter festzustellen.
- Die Marktöffnung für grenzüberschreitende Personenbewegungen ist nach DGB-Auffassung ebenfalls an die Einhaltung der Kernarbeitsnormen durch die Entsendefirmen zu koppeln. Ferner soll die europäische Entsenderichtlinie auf das GATS übertragen werden, um die Funktionsfähigkeit der sozialen

Sicherungssysteme im Herkunfts- und Arbeitsland zu gewährleisten und sicherzustellen, dass entsandte ArbeitnehmerInnen Arbeitsrechte im Einsatzland in Anspruch nehmen können, ohne Sanktionen zu erleiden.

Soziale Bewegungen

Die Besorgnisse über die GATS-Verhandlungen haben zahlreiche soziale Bewegungen, Graswurzelinitiativen und Nichtregierungsorganisationen (NRO) auf den Plan gerufen, die in einer Reihe von Ländern Kampagnen gegen das GATS initiiert haben.

Mit Abstand die größte Zahl an Unterstützern fand der internationale Aufruf »Stop the GATS Attack Now!« (www.gatswatch.org/StopGATS.html), der im April 2001 von 430 Organisationen in 53 Ländern unterzeichnet wurde. Der Aufruf fordert ein Moratorium der GATS-Verhandlungen. Während der Dauer dieses Moratoriums sollen die Folgen des GATS untersucht, problematische Bestimmungen wie Artikel VI über innerstaatliche Regulierung beseitigt, der Zugang zu öffentlichen Diensten sichergestellt und die Partizipation von Bürgerbewegungen auf der nationalen und der internationalen Ebene ermöglicht werden.

In der Bundesrepublik hat sich vor allem das globalisierungskritische Netzwerk Attac den Widerstand gegen die GATS-Verhandlungen auf die Fahnen geschrieben. In ihrem Positionspapier »Kein Ausverkauf von Dienstleistungen« fordert die Attac-Arbeitsgruppe »Welthandel und WTO« einen sofortigen Stopp der GATS-Verhandlungen (www.gats kritik.de). Attac beklagt vor allem die »Geheimhaltung der Verhandlungsvorschläge durch die EU-Kommission und die Bundesregierung«. Damit werde ein demokratischer Entscheidungsprozess gezielt verhindert. Im Gegensatz zu einer forcierten Liberalisierung müsse eine jede Gemeinschaft »autonom und immer neu entscheiden können, wie sie ihre öffentlichen Dienste (Bildung, Gesundheit, Energie- und Wasserversorgung, Verkehr etc.) organisieren will«. Entsprechend müsse es möglich sein, einmal eingegangene Liberalisierungen jederzeit wieder rückgängig zu machen (ebd.).

Daneben konnte Attac verschiedene Bündnispartner für eine breiter angelegte GATS-Kampagne gewinnen, darunter das europaweit mobilisierende studentische Netzwerk »Education is not for sale«, ver.di, GEW, DGB-Jugend und verschiedene Nichtregierungsorganisationen (u.a. WEED, Medico, Koordination Südliches Afrika).

Empfehlungen der Globalisierungs-Enquete

Auch die vom Bundestag eingesetzte Enquete-Kommission »Globalisierung der Weltwirtschaft« hat sich mit dem GATS kritisch auseinandergesetzt. Sie ließ dazu ein Gutachten anfertigen (vgl. Fritz 2002) und gibt in ihrem Abschlussbericht u.a. folgende Empfehlungen ab (Enquete-Kommission 2002): Erst nach Vorlage von Folgeabschätzungen der GATS-Verhandlungen und der öffentlichen Diskussion ihrer Ergebnisse mit allen relevanten Beteiligten soll über die Übernahme weiterer Verpflichtungen entschieden werden. Die Leistungen der öffentlichen Daseinsvorsorge (u.a. Bildung, Kultur) sollten aus den GATS-Verhandlungen herausgenommen und in einem Zusatzprotokoll die Ausnahmen für diese Bereiche gestärkt werden. Ferner heißt es: »Die Bundesregierung und EU-Kommission werden aufgefordert, alle Verhandlungsvorschläge, seien es Marktöffnungsforderungen der EU gegenüber Drittstaaten oder umgekehrt Forderungen von Drittstaaten gegenüber der EU oder auch entsprechende Marktöffnungsangebote, frühzeitig allen interessierten NRO, Gewerkschaften und Verbänden bekannt zu machen und ihnen Gelegenheit zur Stellungnahme zu geben« (Enquete-Kommission 2002).

Diese Empfehlung steht im Gegensatz zu angeblichen Vorgaben der WTO-Mitglieder. Diese beschreibt das Wirtschaftsministerium wie folgt: »Nach den Vorgaben aller WTO-Mitglieder sind ihre jeweiligen Drittlandsforderungen *vertraulich* zu behandeln und können nicht, weder in integraler Fassung noch auszugsweise, an Nichtregierungsstellen übergeben werden«. (BMWi, Schreiben vom 8.8.2002, Hervorhebung im Original).

Die Behauptung, Drittlandsforderungen könnten nicht an »Nichtregierungsstellen« weitergegeben werden, widerspricht der eigenen Praxis des Wirtschaftsministeriums, das Verhandlungsentwürfe des 133er-Ausschusses selbst an verschiedene Verbände weitergeleitet hat. In der Antwort vom 22. April 2002 auf eine Kleine Anfrage der PDS heißt es: »Die Bundesregierung hat Elemente der vorliegenden Entwürfe für EU-Drittlandsforderungen an einzelne, sachlich unmittelbar betroffene Wirtschaftsverbände und den Deutschen Gewerkschaftsbund (DGB) übermittelt, um diesen die Möglichkeit zur Stellungnahme zu geben« (Bundesregierung 2002).

Warum diese Praxis nicht auch auf interessierte NRO und andere Verbände ausgedehnt werden kann, so wie es die Enquete-Kommission empfiehlt, ist kaum nachvollziebar.

8. Verhandlungsprozedere und Eingriffsmöglichkeiten

Mit der Einigung auf eine neue Welthandelsrunde bei der WTO-Ministerkonferenz in Qatar im November 2001 treten auch die Dienstleistungsverhandlungen in eine intensivere Phase ein, denn nun sind umfangreichere »Paketlösungen« möglich. So könnten den Entwicklungsländern Liberalisierungen im Dienstleistungsverkehr durch Zugeständnisse bei Textil- oder Agrareinfuhren abgerungen werden. Im Juli 2002 erhielt zudem der US-Präsident ein Verhandlungsmandat vom US-Repräsentantenhaus (Trade Promotion Authority), sodass nun die Verhandlungspartner der USA eher davon ausgehen können, dass das Verhandlungsergebnis tatsächlich auch vom US-Kongress angenommen wird. Denn der Kongress kann die ausgehandelten Vereinbarungen jetzt nurmehr in Gänze ablehnen oder befürworten.

Nach dem nicht verbindlichen Zeitplan für die GATS-Verhandlungen sollten Marktzugangsforderungen (requests) bis Ende Juni 2002 übermittelt werden, die Liberalisierungsangebote (offers) sollen bis 31. März 2003 folgen. Die EU, die USA und eine Reihe weiterer Staaten haben mittlerweile auch konkrete Marktöffnungsforderungen bilateral an einzelne WTO-Mitglieder gerichtet. Diese haben die zuständigen Ministerien allerdings nicht für die interessierte Öffentlichkeit zugänglich gemacht, sondern lediglich knappe Zusammenfassungen (vgl. USTR 2002, European Commission 2002) verfasst. Das Bundeswirtschaftsministerium hat ferner einen groben Überblick der Forderungen, die an die EU gerichtet wurden (BMWi, Schreiben vom 8.8.2002), gegeben. Diesen Zusammenfassungen ist durchgängig nicht zu entnehmen, gegenüber welchen Ländern welche konkreten Forderungen erhoben werden. Einen Eindruck von der konkreten Form der Verhandlungsdokumente vermitteln allerdings einige im April durchgesickerte Entwürfe aus dem 133er-Ausschuss (siehe www.gatswatch.org/requests-offers.html).

Eine Zwischenbilanz des Verhandlungsstands wird bei der nächsten Ministerkonferenz der Welthandelsorganisation im

September 2003 im mexikanischen Cancun gezogen. Der Abschluss der GATS-Verhandlungen fällt wiederum mit dem Ende der neuen Welthandelsrunde zusammen, das für den 1.1.2005 angestrebt wird (WTO 2001c).

Verfahren auf EU-Ebene

Auf EU-Seite führt die Europäische Kommission die Verhandlungen und stimmt sich mit den EU-Mitgliedsstaaten im so genannten 133er-Ausschuss ab. Diese informelle Bezeichnung geht auf den Artikel 133 des EG-Vertrags über die Grundsätze der Gemeinsamen Handelspolitik zurück. Zwar ist die europäische Außenhandelspolitik bereits vergemeinschaftet, jedoch bestehen noch einige wenige Möglichkeiten für eine nationale Mitbestimmung. So sieht der noch gültige Artikel 133 eine gemischte Zuständigkeit der Europäischen Gemeinschaft und ihrer Mitgliedsstaaten im Dienstleistungsbereich vor. Er wurde bei der Nizzaer Regierungskonferenz im Dezember 2000 neu gefasst. Der Vertrag von Nizza und damit die Neufassung des Art. 133 EGV, sollte einen Monat nach Ablauf des Monats, in dem die letzte Ratifizierungsurkunde eines Mitgliedsstaats bei der EU hinterlegt wird, in Kraft treten. Da er aber bei einem Referendum in Irland abgelehnt wurde, steht sein Inkrafttreten immer noch aus.[8]

In seiner neuen Fassung sieht der Art. 133 vor, dass der Ministerrat über die Annahme von Handelsabkommen grundsätzlich mit qualifizierter Mehrheit beschließt, d.h. einzelne Mitglieder haben keine Vetomöglichkeit. Dies gilt auch für Handelsabkommen, die Dienstleistungen oder geistigen Eigentumsschutz betreffen. Grundsätzlich fallen diese Entscheidungen auch nicht in die so genannte gemischte Zuständigkeit, d.h. es ist keine

[8] Die Volksabstimmung war notwendig, weil die irische Verfassung durch den Vertrag von Nizza geändert werden muss. Daraufhin wurde eine nationale Debatte eingeleitet. Die irische Regierung strebt nach dem ersten »Reinfall« ein weiteres Referendum an. Falls dies scheitert, ist ein weiteres Referendum rein rechtlich möglich. http://europa.eu.int/comm/nice_treaty/ratiftable_de.pdf vom 12.04.02, und Herdegen, M., http://www.competence-site.de/europarecht.nsf/News/4B567CE13618AED8C1256A760028E01C v. 6.3.2002.

zusätzliche nationale Ratifizierung vorgesehen. Doch fallen derzeit noch »Abkommen im Bereich des Handels mit kulturellen und audiovisuellen Dienstleistungen, Dienstleistungen im Bereich Bildung sowie in den Bereichen Soziales und Gesundheitswesen in die gemischte Zuständigkeit der Gemeinschaft und ihrer Mitgliedsstaaten«.[9]

Gemischte Zuständigkeit der Europäischen Gemeinschaft und ihrer Mitgliedsstaaten bedeutet zum einen, dass der Rat der Europäischen Union nach Art. 133 Abs. 5 Uabs. 3 einstimmig beschließen muss. Zum anderen ist bereits zur Aufnahme von Verhandlungen die einvernehmliche (= einstimmige) Zustimmung der Mitgliedsstaaten erforderlich; sie müssen in die Verhandlungen eingebunden sein und müssen alle das Abkommen *zusätzlich* zur EG ratifizieren (Krenzler/Pischas 2001: 457; vgl. Herrmann 2001: 272). Somit ist die Europäische Kommission darauf angewiesen, in den genannten Bereichen ihr handelspolitisches Vorgehen mit den Mitgliedsstaaten im 133er-Ausschuss abzustimmen.

Der 133er-Ausschuss erfüllt mehrere Funktionen: Er überwacht und unterstützt die Kommission; er kann die Tragweite der Richtlinien zur Verhandlungsführung entsprechend des Verhandlungsverlaufs präzisieren und der Kommission einen Aufschluss darüber geben, ob das Verhandlungsergebnis für die Mitgliedsstaaten annehmbar ist. Bei Uneinigkeit im 133er-Ausschuss können Fragen zur Auslegung der Richtlinien dem Ausschuss der ständigen Vertreter oder dem Rat vorgelegt werden (Bourgeois 1999, Rn. 52).

Das europäische Parlament hat kein Anhörungsrecht mehr (Bourgeois 1999, S. 841-844). Es kann allerdings ein Gutachten des Europäischen Gerichtshofs über die Vereinbarkeit eines geplanten Abkommens mit dem EG-Vertrag einholen. Dieses Recht steht auch jedem Mitgliedsstaat zu. Kommt dieses Gutachten zu einem negativen Ergebnis, kann das Abkommen nur nach Maßgabe des Artikels 48 des Vertrags über die europäische Uni-

---

[9] Art. 133 Abs. 6 Uabs. 2, Vertrag von Nizza, Amtsblatt der Europäischen Gemeinschaften 2001 C 80, S. 16, http://www. europa.eu.int/eur-lex/de/treaties/dat/nice_treaty_de.pdf vom 12.04.02

on in Kraft treten. Dieser sieht vor, dass der Ministerrat eine Regierungskonferenz der Mitgliedsstaaten einberufen muss, um mögliche Vertragsveränderungen zu vereinbaren (Vgl. Art. 300 Abs. 6 EG-Vertrag).

Verfahren in der Bundesrepublik

Den Mitgliedsstaaten bleibt es überlassen, ob und in welchem Umfang nationale Parlamente, Länderparlamente oder Landesregierungen in die Vorbereitungen der Ausschusssitzungen eingebunden werden. Inwieweit der Bundestag und die Bundesländer mitwirken können, regeln Art. 23 GG, das Gesetz über die Zusammenarbeit von Bundesregierung und Deutschem Bundestag in Angelegenheiten der Europäischen Union (ZEUBBG) und das Gesetz über die Zusammenarbeit von Bund und Ländern in Angelegenheiten der Europäischen Union (ZEUBLG).

Die Bundesregierung hat den Bundestag über ein Vorhaben der EU zum frühestmöglichen Zeitpunkt umfassend zu informieren und dem Bundestag die Möglichkeit zur Stellungnahme einzuräumen, bevor sie an Rechtsetzungsakten der EU mitwirkt. Diese Stellungnahmen sind von der Bundesregierung bei den Verhandlungen zu berücksichtigen (Vgl. Art. 23 Abs. 3 GG u. Art. 3-5 ZEUBBG), die sie rechtlich allerdings nicht binden (Streinz 1996, Rn. 99-101, S. 734).

Die Länder haben die Möglichkeit zum Abschluss von Verträgen mit Drittstaaten, wenn sie innerhalb der Bundesrepublik Deutschland über die Gesetzgebungskompetenz verfügen (Maunz, Rn. 19 u. 27). Da beispielsweise Bildung Länderaufgabe ist, sind die Länder (auch einzelne) nach Art. 32 Abs. 2 GG zu hören. Unklar ist, ob ihre Zuständigkeit ausschließlich ist oder mit der Zuständigkeit des Bundes konkurriert. Im sog. Lindauer Abkommen vom 14.11.1957 (Streinz 1996, Rn. 35, S. 853f.) einigten sich Bund und Länder auf folgenden Modus Vivendi in dieser Frage: Bevor ein Abkommen völkerrechtlich verbindlich wird, soll mit den Ländern Einvernehmen hergestellt werden. Die Länder sollen frühestmöglich, unbedingt rechtzeitig vor der endgültigen Festlegung des Vertragstextes, beteiligt werden; die einstimmige Zustimmung des Bundesrats kann hierbei nicht als Zustimmung der Länder gewertet werden. Sind die Länder einverstanden, kann der Bund den Vertrag abschließen. Die Verfassungskonformität dieser Regelung im »Lindauer Abkommen« ist bis heute umstritten (Streinz 1996, Rn. 31-42, S. 852ff.).

Soll auf die GATS-Verhandlungen Einfluss genommen werden, dann stehen aufgrund der doppelt »gemischten Kompetenz« (zwischen Ländern und Bund sowie Europäischer Gemeinschaft und ihren Mitgliedsstaaten) folgende Wege offen: über die Bundesländer, den Bundestag und vor allem die Bundesregierung; eingeschränkt auch über das Europäische Parlament und mittels grenzüberschreitender Koalitionen auch über die entsprechenden Organe in den anderen EU-Mitgliedsstaaten.

Demokratie und Transparenz

Die Möglichkeit der Einflussnahme auf die GATS-Verhandlungen setzt allerdings eine grundlegende Demokratisierung der beschriebenen institutionellen Verfahren auf deutscher und europäischer Ebene voraus. Grundsätzlich bedarf es einer wesentlich verbesserten Transparenz des Verhandlungsprozesses. Unbeirrt von wachsender Kritik seitens außerparlamentarischer Bewegungen verweigern aber vor allem das Bundeswirtschaftsministerium und die EU-Kommission den Zugang zu wichtigen Dokumenten. Selbst Parlamentarier des Bundestags und des Europaparlaments werden nur unzureichend informiert, sodass eine effektive parlamentarische Kontrolle faktisch unterbleibt. Andererseits müssten Parlamentarier eine zeitgerechte und umfassende Information auch von den betreffenden Ministerien einklagen, was nicht immer mit dem nötigen Nachdruck geschieht.

Die in regelmäßigen Abständen sowohl vom Bundeswirtschaftsministerium wie auch von der Generaldirektion Handel durchgeführten Gesprächsrunden mit Vertretern der »Zivilgesellschaft« genügen keinesfalls den Anforderungen an verbesserte Transparenz. Die Informationen, die bei diesen Gelegenheiten zu bekommen sind, gehen kaum über das hinaus, was in einschlägigen handelspolitischen Informationsdiensten oder auf der Webseite der WTO ohnehin frei verfügbar ist. Hinzu kommt, dass das gesamte Spektrum der »Zivilgesellschaft«, d.h. neben Gewerkschaften und Nichtregierungsorganisationen auch Wirtschaftsvertreter, an derartigen Zusammenkünften teilnimmt. Die Industrielobbyisten halten sich dabei meist auffällig zurück; sie nutzen stattdessen ihre präferenziellen Informations- und Konsultationsmöglichkeiten mit den Ministerialbeamten auf nationaler und europäischer Ebene (vgl. dazu: Wesselius 2002). Die Ergebnisse dieser völlig unverbindlichen »Civil Society Dialogues« stellen EU-Kommission und Regierungen mitunter geradezu auf den Kopf. So behauptet die Bundesregierung in einer Antwort auf eine Kleine Anfrage der PDS, dass die Liberalisierungsforderungen der EU »auch in Deutschland eingehend abgestimmt worden« seien (Bundesregierung 2002a). Weiter heißt es: »Neben den auf Bundes- bzw. Länderebene für die einzelnen Dienstleistungsbereiche zuständigen Verantwortlichen sind – punktuell zu den jeweils relevanten Einzelfragen – auch Wirtschaftsverbände, Nichtregierungsorganisationen und Gewerkschaften in diesen Abstimmungsprozess einbezogen worden« (ebd.).

Fakt ist, dass Nichtregierungsorganisationen der wiederholt vorgetragene Wunsch nach Zugang zu wesentlichen Verhandlungsdokumenten, deren Kenntnis überhaupt erst einen »Abstimmungsprozess« ermöglicht hätte, verweigert wurde. Fakt ist ferner, dass Forderungen von NRO und Gewerkschaften bei der letztendlichen Formulierung der Liberalisierungsforderungen der EU unberücksichtigt blieben und dafür auch keine Begründungen geliefert wurden. Völlig anders fällt hingegen das Fazit der ersten Phase der GATS-Verhandlungen seitens der Dienstleistungsindustrie aus. In einer Pressemitteilung des European Services Forum unterstreicht dessen Vorsitzender, Andrew Buxton, den aus Industriesicht gelungenen Partizipationsprozess: »Die Europäische Dienstleistungsindustrie nahm aktiv an den offenen Konsultationen der EU-Kommission und der Mitgliedsstaaten teil und wird die Dienstleistungsverhandlungen auch zukünftig intensiv begleiten. Herr Buxton begrüßte den offenen Prozess, mit dem die Kommission allen Stakeholdern die Möglichkeit zur Stellungnahme gab« (ESF 2002).

Ein solches Fazit können die GATS-kritischen Bewegungen sicher nicht ziehen. Sie werden weiterhin dafür streiten müssen, dass es zur Etablierung grundlegender Informations- und Konsultationsrechte der Öffentlichkeit kommt. Nur auf dem Wege des fortgesetzten und konzertierten Drucks wird es möglich sein, in die scheinbar unaufhaltsame Liberalisierungsmaschinerie einzugreifen. Erfreulicherweise gibt es aber immer mehr Länder, in denen verschiedenste außerparlamentarische Akteure ihre Kräfte bündeln, um Demokratie und Transparenz bei den WTO-Verhandlungen einzuklagen. Sie versuchen der Einbahnstraße von Liberalisierung und Privatisierung ihre Alternativen entgegenzusetzen. Die jüngst von Attac initiierte Kampagne gegen das GATS ist dafür ein weiteres ermutigendes Beispiel.

Zum Weiterlesen

Kritische Literatur

Fritz, Thomas, und Christoph Scherrer, 2002: GATS 2000. Arbeitnehmerinteressen und die Liberalisierung des Dienstleistungshandels, Düsseldorf, edition der Hans Böckler Stiftung 63.

Fritz, Thomas, 2002: Die Bewertung der GATS-Verhandlungen im Rahmen der Wissensgesellschaft. Gutachten im Auftrag der Enquete-Kommission »Globalisierung der Weltwirtschaft – Herausforderungen und Antworten«, AU Stud 14/27, Berlin (www.blue21.de).

Müller, Uli/Wegmann, Heiko, 2000: GATS und E-Commerce. Die Dienstleistungsverhandlungen in der WTO. Forum Umwelt & Entwicklung, Bonn.

Scherrer, Christoph/Yalçin, Gülşan, 2002: Gutachten zur GATS-Verhandlungsrunde im Bildungsbereich, in: GEW 2002: Freier Handel oder freier Zugang? WTO-GATS setzt die Bildung unter Globalisierungsdruck. Dokumentation eines GEW-Workshops vom 26. Februar 2002 in Berlin. Gewerkschaft Erziehung und Wissenschaft, Frankfurt/Main.

ver.di, 2002: Die Welthandelsorganisation und das Dienstleistungsabkommen GATS. Handels- und Dienstleistungsliberalisierung als Herausforderung für Gewerkschaften. Vereinte Dienstleistungsgewerkschaft, Berlin.

Waghorne, Mike, 2000: Health Services for Trade, Public Services International, 18. April, Ferney-Voltaire Cedex (www.psiru.org).

WEED und Seattle to Brussels-Netzwerk (Hrsg.), 2001: GATS und Demokratie. November, Bonn/Berlin.

Wesselius, Erik, 2002: Behind GATS 2000: Corporate Power at Work. Transnational Institute, The World Trade Organisation Series No. 4., Amsterdam (www.gatswatch.org).

Mainstream-Literatur

Barth, Dietrich, 1998: Perspektiven des internationalen Dienstleistungshandels, Bonn, Friedrich Ebert Stiftung (www.fes.de).
Krancke, Jan, 1998: Liberalisierung des Dienstleistungshandels. Die Konturen des GATS, in: Die Weltwirtschaft (4), 404-420.
Sauvé, Pierre und Robert M. Stern (Hrsg.), 2000: GATS 2000. New Directions in Services Trade Liberalization, Washington, D.C., Brookings Institution Press.

GATS im Internet

GATS-Seite von Attac: www.gats-kritik.de
Internationale GATS-Kampagne: www.gatswatch.org
Public Services International Research Unit (PSIRU): www.psiru.org
GATS-Seite der EU-Kommission: http://gats-info.eu.int
European Services Forum (ESF): www.esf.be
Welthandelsorganisation WTO: www.wto.org

Literaturnachweise

Ad Hoc 133 Committee, 2002a: GATS 2000. Request from the EC and its Member States (hereinafter the EC) to Argentina. 6. März, MD: 059/02, Brüssel.

Ad Hoc 133 Committee, 2002b: GATS 2000. Request from the EC and its Member States (hereinafter the EC) to Malaysia. 6. März, MD: 049/02, Brüssel.

Ad Hoc 133 Committee, 2002c: GATS 2000. Request from the EC and its Member States (hereinafter the EC) to The Philippines. 6. März, MD: 045/02, Brüssel.

Ad Hoc 133 Committee, 2002d: GATS 2000. Request from the EC and its Member States (hereinafter the EC) to India, 6. März, MD: 040/02, Brüssel.

Akerlof, George A., 1970: The Market for »Lemons«. Quality Uncertainty and the Market Mechanism, in: Quarterly Journal of Economics, Vol. 84, 488-500.

Barth, Dietrich, 1998: Perspektiven des internationalen Dienstleistungshandels, Bonn, Friedrich Ebert Stiftung.

Barth, D., 2000: Die GATS 2000-Verhandlungen zur Liberalisierung des internationalen Dienstleistungshandels, in: ZEuS, Zeitschrift für europarechtliche Studien, Heft 3, S. 273-293.

Belgische Präsidentschaft, 2001: Programm des Wirtschaftsministers im Rahmen des belgischen Vorsitzes. www.eu2001.be, Brüssel.

BDI, 2001: Den Weltmarkt mit Dienstleistungen liberalisieren. Bundesverband der Deutschen Industrie, Positionspapier, Oktober, 2. Auflage, Berlin.

Bhagwati, Jagdish N. (Hrsg.), 1987: International Trade. 2. Aufl., Cambridge, MA, S.127f.

Borchert, Manfred, 1994: Strategische Handelspolitik – alter Wein in neuen Schläuchen?, in: RWI-Mitteilungen, 45(3) , S.205-220, hier S.220.

Boss, Alfred/Laaser, Claus-Friedrich/Schatz, Klaus-Werner et al., 1996: Deregulierung in Deutschland. Eine empirische Analyse, Tübingen, J.C.B. Mohr.

Bourgeois, J.H.J. 1999: Artikel 113, in: v.d. Groeben, H./Thiesing, J./Ehlermann, C.-D., Kommentar zum EU-/EG-Vertrag, Baden-Baden, Bd. 3.

Boycko, Maxim/R. Shleifer/R. Vishny, 1996: A Theory of Privatisation, in: The Economic Journal, 106, 309-319.

Breyer, Stephen, 1982: Regulation and Its Reform, Cambridge, Mass., Harvard University Press.

Bundesregierung, 2001: Antwort der Bundesregierung auf die Kleine Anfrage der Abgeordneten Erich G. Fritz, Renate Blank, Wolfgang Börnsen (Bönstrup), weiterer Abgeordneter und der Fraktion der CDU/CSU. Deutscher Bundestag, 18. Juli, Drucksache 14/6702.

Bundesregierung, 2002: Antwort der Bundesregierung auf die Kleine Anfrage der Abgeordneten Ursula Lötzer, Eva Bulling-Schröter, Maritta Böttcher, Dr. Heinrich Fink, Rolf Kutzmutz und der Fraktion der PDS, Deutscher Bundestag, 22. April, Drucksache 14/8845.

Bundesregierung, 2002a: Antwort der Bundesregierung auf die Kleine Anfrage der Abgeordneten Ursula Lötzer und der Fraktion der PDS. Deutscher Bundestag, 9. Juli, Drucksache 14/9768.

Card, David E., 1996: Deregulation and Labor Earnings in the Airline Industry,

Working Paper Series, National Bureau of Economic Research, Cambridge, MA.
CEO, 2002: Corporations Try to Racketeer Bolivia through Amsterdam Letter-box Firm. Press Release, 7. März, Amsterdam.
Crandall, Robert W./Hausman, Jerry A., 2000: Competition in U.S. Telecommunications Services: Effects of the 1996 Legislation, in: Sam Peltzman/Clifford Winston (eds.) Deregulation of Network Industries. What's Next?, Washington, D.C., AEI-Brookings Joint Center for Regulatory Studies, 73-112.
CSI, 2000: Coalition of Service Industries Response to Federal Register Notice of March 28, 2000. Washington, DC.
Dessewffy, Eva, 1999: WTO 2000 World Trade Round. GATS – The Services Sector, Position Paper of the Austrian Federal Chamber of Labour, Juni, Wien.
Deutsche Bundesbank, 1997: Europäische Organisationen und Gremien im Bereich von Währung und Wirtschaft, Mai, Frankfurt am Main.
DGB, 2001: »Die Welthandelsliberalisierung der Dienstleistungen darf die Bedürfnisse der Menschen nicht vergessen«. DGB-Anforderungen an das GATS-Abkommen, Deutscher Gewerkschaftsbund, Berlin.
DGB, 2002: Globalisierung im Focus. DGB-Bundesvorstand, DGB Bildungswerk, Mai, Düsseldorf/Berlin.
Dieter, Heribert, 1998: Die Asienkrise. Ursachen, Konsequenzen und die Rolle des Internationalen Währungsfonds, Marburg, Metropolis.
Dieter, Heribert, 1999: Die globalen Währungs- und Finanzmärkte nach der Asienkrise: Reformbedarf und politische Hemmnisse, in: INEF Report, Heft 41.
EG – Europäische Gemeinschaften, 1999: Europäische Union. Textsammlung, Band I, Teil I, Luxemburg, Amt für amtliche Veröffentlichungen der Europäischen Gemeinschaften.
EI/PSI, 1999: The WTO and the Millennium Round. What is at stake for Public Education? Common Concerns for workers in education and the public sector, Education International/Public Services International, Brüssel, Ferney-Voltaire Cedex.
EI/PSI, 2000: Great Expectations. The Future of Trade in Services, Education International/Public Services International, Brüssel, Ferney-Voltaire Cedex.
Enquete-Kommission, 2002: Schlussbericht der Enquete-Kommission Globalisierung der Weltwirtschaft – Herausforderungen und Antworten. Deutscher Bundestag, 12. Juni, Drucksache 14/9200.
ESF, 1999: Declaration of the European Service Industries towards the Millenium Round, European Services Forum, 25. Oktober, Brüssel.
ESF, 2000: The Temporary Movement of Key Business Personnel: Second Position Paper, European Services Forum, 24. Oktober, Brüssel.
ESF, 2002: European Services Forum, Press Release, 4. Juli, Brüssel.
ETUC, 1998: ETUC Charter on Public Services, Dezember, Brüssel.
ETUC, FGTB, CSC, 2001: Memorandum from the ETUC, FGTB and CSC to the Belgian EU Presidency, Brüssel.
Europäische Kommission, Generaldirektion I, Auswärtige Beziehungen (Hg.), 1998: GATS 2000: Handelspolitik, Beziehungen zu Nordamerika, zum Fernen Osten sowie zu Australien und Neuseeland, Luxemburg: Amt für amtliche Veröffentlichungen der Europäischen Union.

Europäische Kommission, 2000: Leistungen der Daseinsvorsorge in Europa. Mitteilung der Kommission, KOM(2000)580, 20. September, Brüssel.
Europäische Kommission, 2000a: Eine Binnenmarktstrategie für den Dienstleistungssektor. KOM(2000)888, 29. Dezember, Brüssel.
Europäische Kommission, 2001: Marktleistung der netzgebundenen Wirtschaftszweige, die Leistungen der Daseinsvorsorge erbringen: Erste horizontale Bewertung, Anhang zum »Bericht über die Funktionsweise der gemeinschaftlichen Güter- und Kapitalmärkte«, 7. Dezember, Brüssel.
Europäische Kommission, 2002: Der Stand des Binnenmarkts für Dienstleistungen. Bericht im Rahmen der ersten Stufe der Binnenmarktstrategie für den Dienstleistungssektor. KOM(2002) 441, Brüssel.
European Commission, 2001: Review of the Internal Market Strategy, 11. April, Brüssel, COM(2001)198 final.
European Commission, 2002: Summary of the EC's Initial Requests to Third Countries in the GATS Negotiations, 1. Juli, Brüssel.
Evenett, Simon J./Hoekman, Bernard M., 2000: Government Procurement of Services and Multilateral Disciplines, in: Pierre Sauvé/Robert M. Stern (ed.), GATS 2000. New Directions in Services Trade Liberalization, Washington, D.C., Brookings Institution Press, 143-164.
Faulstich, Peter/Gnahs, Dieter, 2001: Weiterbildung, in: Böttcher, W./Klemm, K./Rauschenbach, T. (Hrsg.): Bildung und Soziales in Zahlen. Statistisches Handbuch zu Daten und Trends im Bildungsbereich, Weinheim/München, S. 183-206.
Fetzer, Martin-Ulrich, 1992: Ordnungspolitische Probleme einer Liberalisierung des internationalen Dienstleistungsverkehrs. Das Beispiel der Banken und Versicherungen in der EG, VVF.
Friedlaender, Ann F./Spady, Richard, 1981: Freight Transportation Regulation, Cambridge, Mass., MIT Press.
Fritsch, Michael/Wein, Thomas/Ewers, Hans-Jürgen, 1999: Marktversagen und Wirtschaftspolitik: Mikroökonomische Grundlagen staatlichen Handelns, 3., völlig überarb. und erw. Aufl.., München: Vahlen.
Fritz, Thomas/Scherrer, Christoph, 2002: GATS 2000. Arbeitnehmerinteressen und die Liberalisierung des Dienstleistungshandels, Düsseldorf, edition der Hans Böckler Stiftung 63.
Fritz, Thomas, 2002: Die Bewertung der GATS-Verhandlungen im Rahmen der Wissensgesesllschaft. Gutachten im Auftrag der Enquete-Kommission »Globalisierung der Weltwirtschaft – Herausforderungen und Antworten«, AU Stud 14/27, Berlin.
Fuchs, Hans-Werner/Reuter, Lutz R., 2000: Bildungspolitik in Deutschland. Entwicklungen, Probleme, Reformbedarf, Opladen.
Fujita, Masahisa/Krugman, Paul/Venables, Anthony J., 2000: The Spatial Economy: Cities, Regions, and International Trade, 2. print., Cambridge, Mass [et al.]: MIT Press.
GATS, 1994: General Agreement on Trade in Services. In: GATT (1994)
GATT, 1994: Final act embodying the results of the Uruguay Round of multilateral trade negotiations, Marrakesch
Gauthier, Gilles, 2000: Deja Vu, or New Beginning for Safeguards and Subsidies Rule in Services Trade, in: Pierre Sauvé/Robert M. Stern (ed.), GATS 2000. New Directions in Services for Trade Liberalization, Washington, D.C., Brookings Institution Press, 165-183.

GEW, 2002: Freier Handel oder freier Zugang? WTO-GATS setzt die Bildung unter Globalisierungsdruck. Dokumentation eines GEW-Workshops vom 26. Februar 2002 in Berlin. Gewerkschaft Erziehung und Wissenschaft, Frankfurt/Main.

Ghosh, Bimal, 1997: Gains from Global Linkages. Trade in Services and Movements of Persons. International Organization of Migration, Ipswich.

Gleick, Peter H./Wolff, Gary/Chalecki, Elizabeth L./Reyes, Rachel, 2002: The New Economy of Water. The Risks and Benefits of Globalization and Privatization of Fresh Water. Pacific Institute, Februar, Oakland, Cal.

Global Unions, 2002: Global Unions/ETUC/WCL/ Statement on the GATS Negotiations, Brüssel.

Göll, Edgar, 1994: Vom Aufschrei zum erleichterten Seufzen? Handelspolitische Entscheidungsprozesse und Akteurstrategien im US-Kongreß während der zweiten Administration Reagans (1985-88). Frankfurt: Peter Lang.

Gomes, Leonard, 1990: Neoclassical International Economics: An Historical Survey. Houndmills, Basingstoke, Hampshire, S.136.

Hayek, Friedrich A. von, 2002: Grundsätze einer liberalen Gesellschaftsordnung: Aufsätze zur politischen Philosophie und Theorie, hrsg. von Viktor Vanberg, Tübingen, Mohr Siebeck.

Herman, Edward S., 1981: Corporate Control, Corporate Power, Cambridge, Cambridge University Press.

Hilary, John, 2001: The Wrong Model. GATS, trade liberalisation and children's right to health. Save the Children, London.

Hindley, Brian/Smith, Alasdair, 1984: Comparative Advantage and Trade in Services, in: The World Economy, Vol. 7 , pp. 369-389.

Hochschulrektorenkonferenz: http://www.hrk.de vom 12.04.02.

Hoekman, Bernard/Holmes, Peter, 1999: Competition Policy, Developing Countries, and the World Trade Organisation. Trade, Development Research Group, The World Bank, Oktober, Washington.

Hoering, Uwe, 2001: Privatisierung im Wassersektor. WEED Arbeitspapier, November, Bonn.

Hufbauer, Gary, and Tony Warren, 1999: The Globalization of Services. What Has Happened? What Are the Implications?, Washington, D.C. manuscript.

Joskow, Paul L., 2000: Deregulation and Regulatory Reform in the U.S. Electric Power Sector, in: Sam Peltzman and Clifford Winston (eds.): Deregulation of Network Industries. What's Next?, Washington, D.C., AEI-Brookings Joint Center for Regulatory Studies, 113-188.

Kahn, Alfred E., 1970/1971: The Economics of Regulation: Principles and Institutions, 2nd vol., New York, John Wiley.

Kalirajan, Kaleeswaran/MCGuire, Greg/Nguyen-Hong, Duc/Schuele, Michael, 1999: The Price Impact of Restrictions on Banking Services, in: Identifying the Roadblocks to International Services Business, in: Christopher Findlay/ Tony Warren, Sydney, Routledge.

Kapp, K. William, 1950: The Social Costs of Private Enterprise, Cambridge, Mass. Harvard University Press.

Koehler, Matthias, 1999: Das Allgemeine Übereinkommen über den Handel mit Dienstleistungen (GATS): Rahmenregelung zur Liberalisierung des internationalen Dienstleistungsverkehrs unter besonderer Berücksichtigung des grenzüberschreitenden Personenverkehrs von Dienstleistungsanbietern, Berlin.

Kolderie, Ted, 1990: The two Concepts of Privatization, in: Dennis J. Gayle/ Jonathan N. Goodrich (Ed.) Privatization and Deregulation in Global Perspective, London Pinter Publishers, 24-34.
Krancke, Jan, 1998: Liberalisierung des Dienstleistungshandels. Die Konturen des GATS, in: die Weltwirtschaft (4) 404-420.
Krenzler, H. G./Pischas, C., 2001: Fortschritt oder Stagnation? Die gemeinsame Handelspolitik nach Nizza, in: EuR, S. 442-461.
Krugman, Paul (Hrsg.), 1986: Strategic Trade Policy and the New International Economics. Cambridge, MA.
Külp, Bernhard/Berthold, N./Knappe, E./Roppel, U./Rüdel, T./Wolters, R., 1984: Sektorale Witschaftspolitik, Berlin, Springer.
Lang, Sabine/Mayer, Margit/Scherrer, Christoph (Hrsg.),1999: Jobwunder USA – Modell für Deutschland?, Münster, Westfälisches Dampfboot.
Larsen, Kurt/Morris, Rosemary/Martin, John P., 2001: Trade in Education Services: Trends and Emerging Issues. Working Paper OECD.
Liste der spezifischen Verpflichtungen, 1678-1683: deutsche Übersetzung der European Communities and their Member States. Schedules of Specific Commitments, World Trade Organisation, 15. April, GATS/SC/31, Genf, 1994, im Bundesgesetzblatt, Jg. 1994, Teil II.
Llewellyn, David T., 1992: »The performance of banks in the UK and Scandinavia: a case study in competition and deregulation«, Quarterly Review, No. 3.
Lohmann, Ingrid, 2000: Bildung und Eigentum. Über zwei Kategorien der kapitalistischen Moderne. in: Abeldt, Sönke/Bauer, Walter (Hrsg.): »... was es bedeutet, verletzbarer Mensch zu sein«. Erziehungswissenschaft im Gespräch mit Theologie, Philosophie und Gesellschaftstheorie. Helmut Peukert zum 65. Geburtstag. Mainz, S. 267-276.
Lohmann, Ingrid, 2001: After Neoliberalism. Können nationalstaatliche Bildungssysteme den »freien Markt« überleben? In: Ingrid Lohmann/Rainer Rilling (Hrsg.): Die verkaufte Bildung. Kritik und Kontroversen zur Kommerzialisierung von Schule, Weiterbildung, Erziehung und Wissenschaft. Opladen, S. 89-107.
Mashayekhi, Mina, 2000: GATS 2000 Negotiations. Options for Developing Countries, South Centre, Trade-Related Agenda, Development and Equity (T.R.A.D.E.), Working Papers 9, Genf (Dezember).
Mattoo, Aaditya, 1998: Financial Services and the WTO: Liberalizing in the Developing and Transition Economies, paper presented at the Measuring Impediments to Trade in Services Workshop, Canberra, Productivity Commission.
Maunz, T., in: Maunz, T./Düring, G. (Hrsg.), Kommentar zum Grundgesetz, Loseblattwerk
McDowell, Stephen, 1994: Policy Research Institutions and Liberalized International Services Exchange, In: Stephen Brooks/Alain-G. Gagnon (Ed.): The Political Influence of Ideas. Policy Communities and the Social Sciences (Westport, CT: Praeger): 107-134.
Müller, Jürgen/Vogelsang, Ingo, 1979: Staatliche Regulierung, Baden-Baden, Nomos.
Müller, Uli/Wegmann, Heiko, 2000: GATS und E-Commerce. Die Dienstleistungsverhandlungen in der WTO. Forum Umwelt & Entwicklung, Bonn.
Musgrave, Richard A., 1969: Finanztheorie, Tübingen, J.C.B. Mohr.

Nagel, Bernhard/Jaich, Roman, 2001: Endbericht des Max-Träger-Projekts »Bildungsfinanzierung«, Rohfassung, Kassel.
Naschold, Frieder, 1994: Produktivität öffentlicher Dienstleistungen, in: Frieder Naschold/Marga Pröhl (Hrsg.), Produktivität öffentlicher Dienstleistungen, Gütersloh, Verlag Bertelsmann Stiftung, 363-410.
OECD, 1999: Regulatory Reform in the United States, Organisation for Economic Co-Operation and Development, OECD Reviews of Regulatory Reform, Paris.
OECD, 2000: The Service Economy. STI – Science, Technology, Industry. Business and Industry Policy Forum Series, Paris.
OECD, 2000a: Strengthening Regulatory Transparency: Insights for the GATS from the Regulatory Reform Country Reviews, Working Party of the Trade Committee, TD/TC/WP(99)43/FINAL, Paris.
OECD, 2001: Kein Wohlstand ohne offene Dienstleistungsmärkte. Policy Brief Observer.
Peltzman, Sam, 1976: Toward a More General Theory of Regulation, in: Journal of Law and Economics 19 (August) 211-240.
Phillips, Almarin, 1975: Introduction, in: Almarin Phillips, (ed.), Promoting Competition in Regulated Markets, Washington D.C.
Pommerehne, Werner W./Schneider, Friedrich/Gilbert, Guy/Frey, Bruno S., 1984: Concordia Discors: Or: What Do Economists Think?, in: Theory and Decision, 16(3), S.251-308.
Posner, Richard A., 1969: Natural Monopoly and Its Regulation, in: Stanford Law Review, Vol.21, February, 548-643.
Reichert, Tobias/Schaub, Martina, 2001: Liberalisierung, Regulierung und Demokratie – Der internationale Handel mit Dienstleistungen im Rahmen des GATS. Forum Umwelt & Entwicklung. (http://www.umweltbundesamt.de/uba-info-daten/daten/gats.htm vom 12.04.02).
Sauvé, Pierre/Wilkie, Christopher, 1999: Exploring Approaches to Investment Liberalization in the GATS, 13. Juli, Washington.
Scherrer, Christoph/Yalçin, Gülsan, 2002: Gutachten zur GATS-Verhandlungsrunde im Bildungsbereich, in: GEW 2002.
Schreiterer, Ulrich/Witte, Johanna, 2001: Modelle und Szenarien für den Export deutscher Studienangebote ins Ausland. Eine international vergleichende Studie im Auftrag des DAAD. CHE Centrum für Hochschulentwicklung (Hrsg.) DAAD Deutscher Akademischer Austauschdienst, Bonn, Gütersloh, Februar 2001.
Schultz, Siegfried/Weise, Christian, 2000: Deutschlands Position im globalen Dienstleistungswettbewerb, in: Hans-Jörg Bullinger/Frank Stille (Hrsg.), Dienstleistungsheadquarter Deutschland, Wiesbaden, Gabler, 23-48.
Sharma, Shefali, 2002: Geneva Update No. 6, Institute for Agriculture and Trade Policy, Genf.
Soltwedel, Rüdiger, et al., 1986: Deregulierungspotentiale in der Bundesrepublik Deutschland, Kiel.
SOMO, 1999: A Sustainable Balance? International Investment Agreements: How they reflect the rights and responsibilities of different stakeholders. November, Amsterdam.
Streinz, R., 1996: in: Sachs, M. (Hrsg.), Grundgesetz, München.
UNCTAD, 1997: International Tade in Health Services: Difficulties and Opportunities for Developing Countries. 7. April, TD/B/COM.1/EM.1/2, Genf.

UNCTAD, 1998: International Trade in Tourism-Related Services: Issues and Options for Developing Countries. 8. April, TD/B/COM.1/EM.6/2, Genf.
UNCTAD, 1999: Assessment of trade in services of developing countries: Summary of findings. A note by the UNCTAD Secretariat, Genf (16. August); UNCTAD/ITCD/TSB/7
UNCTAD, 2001: World Investment Report 2001. Promoting Linkages, Genf.
UNCTAD, 2001a: E-Commerce and Development Report 2001. New York und Genf.
UNICE, 2000: UNICE Strategy on WTO Service Negotiations (GATS 2000), Union of Industrial and Employers' Confederations of Europe, 24. November, Brüssel.
USTR, 2002: U.S. Proposals for Liberalizing Trade in Services. Executive Summary. Press Release, Office of the United States Trade Representative, 1. Juli, Washington, D.C.
USTR, 2002a: U.S. Requests WTO Panel to Rule on Mexican Telecom Restrictions. Press Release, Office of the United States Trade Representative, 13. Februar, Washington, D.C.
Vander Stichele, Myriam, 1998: TNCs und internationale Handelspolitik. Die Lobbyarbeit des transnationalen Kapitals, WEED Sonderdienst Nr. 4/98, Bonn.
ver.di, 2002: Die Welthandelsorganisation und das Dienstleistungsabkommen GATS. Handels- und Dienstleistungsliberalisierung als Herausforderung für Gewerkschaften. Vereinte Dienstleistungsgewerkschaft, Berlin.
Vernon, Raymond, 1966: International Investment and International Trade in the Product Cycle, in: Quarterly Journal of Economics, Vol. 80,S.190-207.
Viscusi, W. Kip/Vernon, John M./Harrington, Joseph E. Jr., 2000: Economics of regulation and antitrust, 3rd ed., Cambridge, Mass.: MIT Press.
Vogel, Steven, 1996: Freer markets, More Rules. Regulatory Reform in Advanced Industrial Countries, Ithaca, Cornell University Press.
Waghorne, Mike, 2000: Health Services for Trade, Public Services International, 18. April, Ferney-Voltaire Cedex.
Warner, Mark A.A., 2000: Competition Policy and GATS, in: Pierre Sauvé/Robert M. Stern (ed.), GATS 2000. New Directions in Services for Trade Liberalization, Washington, D.C., Brookings Institution Press, 364-398.
WEED/Germanwatch (Hrsg.), 1998: Alles neu macht das MAI?, März, Bonn.
Wesselius, Erik, 2002: Behind GATS 2000: Corporate Power at Work. Transnational Institute, The World Trade Organisation Series No. 4., Amsterdam.
Whichard, Obie G., 2001: Measurement and Classification of Service Sector Activity: Data Needs for GATS 2000, in: Robert M. Stern (Hrsg.): Services in the International Economy, Ann Arbor, The University of Michigan Press, 93-115.
Woerz, Claudia, 1994: Die Deregulierung der US-amerikanischen Sparkassen, Baden Baden, Nomos.
Woerz, Claudia, 1996: Deregulierungsfolgen im Luftverkehr, Heidelberg, R.V. Decker's Verlag.
Wolf, Charles Jr., 1979: A Theory of Nonmarket Failure: Framework for Implementation Analysis, in: Journal for law and Economics, XXII, 107-139.
WTO, 1994: European Communities and their Member States. Schedules of Specific Commitments, World Trade Organisation, 15. April, GATS/SC/31, Genf.
WTO, 1996: Subsidies and Trade in Services. Note by the Secretariat, S/WPGR/

W9, Genf.
WTO, 1998: Economic Effects of Services Liberalization: Overview Of Empirical Studies, Council for Trade in Services, Background Note by the Secretariat Addendum, Geneva.
WTO, 1998a: Presence of Natural Persons (Mode 4). Background Note by the Secretariat, 8. Dezember, S/C/W/75, Genf.
WTO, 1998b: Health and Social Services. Background Note by the Secretariat. 18. September, S/C/W/50, Genf.
WTO, 1999: The Developmental Impact of Trade Liberalization under GATS. Informal Note by Secretariat, Revision, Genf (7. Januar); Job No. 2748/Rev.1
WTO, 2000: Higher (Tertiary) Education, Adult Education, and Training. Communication from the United States, 18. Dezember, S/CSS/W23, Genf.
WTO, 2000a: Negotiating Proposal for Education Services. Communication from New Zealand, 26. June, S/CSS/W93, Genf.
WTO, 2000b: Annual Report 2000, Genf.
WTO, 2000c: International Trade Statistics, Genf.
WTO, 2000d: Proposed Liberalisation of Movement of Professionals under General Agreement on Trade in Services (GATS). Communication from India. 24. November, S/CSS/W/12, Genf.
WTO, 2000e: Concept Paper: Elements of a Possible Agreed Draft of Rules on Emergency Safeguard Measures for Trade in Services (GATS Article X). Communication from ASEAN, 14. März, S/WPGR/W/30, Genf.
WTO, 2001: Assessment of Trade in Services: the Participation of Developing Countries. Communication from Argentina, 29. Januar, S/CSS/W/44, Genf.
WTO, 2001a: GATS 2000: Temporary Movement of Service Suppliers. Communication from the European Union and their Member States, 14. März, S/CSS/W/45, Genf.
WTO, 2001b: Negotiating Proposal for Education Services. Communication from Australia, 1. October, S/CSS/W110, Genf.
WTO, 2001c: Ministerial Declaration. Adopted on 14 November 2001. WT/Min(01)DEC/1, Doha.
WTO, 2001d: GATS – Facts and Fiction. Genf.
WTO, 2002: Mexiko – Measures Affecting Telecommunications Services. Request for the Establishment of a Panel by the United States. 18. Februar, WT/DS204/3, Genf.
WTO Reporter, 2001: WTO Members Clinch Agreement on Guidelines for Services Talks, 29. März, Washington.
WWF 2000: Preliminary Assessment of the Environmental and Social Effects of Liberalisation in Tourism Services. DRAFT 20.11.2000, WWF International.